Komm, steh auf!

Komm, steh auf!

Begegnungsgeschichten aus dem Alltag

von

Norbert Nientiedt

Ardey-Verlag

Münster 2017

Satz und Layout: Jens Kaufmann
Umschlagabbildung: Faithie/Shotshop.com
Druck: Hubert & Co, Göttingen
Gedruckt in Deutschland.

ISBN 978-3-87023-397-6

Bibliografische Information der Deutschen Nationalbibliothek

Die Deutsche Nationalbibliothek verzeichnet diese Publikation in der Deutschen Nationalbibliografie; detaillierte bibliografische Daten sind im Internet über http://dnb.dnb.de abrufbar.

Ich widme mein Buch: „Komm, steh auf" allen Menschen, die angefangen haben in ihrem ganz eigenen Alltag aufzustehen und noch mehr denen, die ihnen dabei Begleitung, Mut und Zeit schenken.

Stellvertretend für beide Gruppen möchte ich das Buch **FRANCK** widmen *(the straight story)*.

„Reich macht uns nicht, was wir haben, sondern reich macht uns, dass wir einander haben!“ Dieses schöne Wort wird vielfältig durch die Begegnungsgeschichten von Herrn Nientiedt illustriert. Jede zufällige oder oberflächliche Begegnung kann zu einer tiefen und beglückenden Begegnung mit verändernder Kraft werden, wenn ich mich einlasse auf den anderen, ihm zuhöre, einmal die Welt aus der Perspektive des Gegenübers anschaue. Begegnungen verändern und ermutigen.

Die Reichtümer des Lebens sind nicht irgendwo zu finden, sondern es sind die gelungenen Begegnungen, sie schenken Freude, sie tun gut, sie schenken Zuversicht, sie machen Mut zum Leben.

Ich wünsche den Leserinnen und Lesern dieser Begegnungsgeschichten den Mut zu wahrhaften und tiefen Begegnungen, zum Einlassen auf den anderen und damit die Erfahrung, dass darin das wahre und tiefe Glück des Lebens zu finden ist. Ich danke dem Autor für diese ermutigende Lektüre.

Kurt Schulte

Dompropst am St. Paulus Dom zu Münster

„Alles wirkliche Leben ist Begegnung“ (Martin Buber)

Martin Buber geht sogar so weit, dass er die Notwendigkeit echter Begegnungen mit der Notwendigkeit des Atmens vergleicht. In meiner 40jährigen Tätigkeit als Lehrer und Schulseelsorger durfte ich diese Erfahrung immer wieder machen. Ohne eine Kultur der Achtsamkeit, des Zuhörens und Sich-Einlassen-Könnens wäre meine Arbeit auf ein Verwaltungsniveau gesunken. Schülerinnen und Schüler haben es mir tausendfach vergolten, wenn sie spürten, dass ich versuchte ihnen wirklich zuzuhören und mich auf sie einzulassen. Die Kraft dazu war oft schnell verbraucht. Ich spürte dann, dass es notwendig wurde den Akku immer wieder aufzuladen. Die Wege dahin hießen: Oasen finden, Begegnung mit mir selbst zuzulassen und mit Gott im Gebet.

Nach meiner endgültigen Pensionierung mit 67 Jahren versuchte ich mich im ganz normalen Alltag, in Gesprächen und Begegnungen genauso zu verhalten wie in den Gesprächen mit den jungen Menschen zuvor. Einerseits erstaunt, andererseits in meiner Überzeugung bestätigt, machte ich Erfahrungen, die mich dazu drängen sie im Wort festzuhalten. Ich möchte so mit meinen bescheidenen Beiträgen ein kleines Zeichen setzen: Echte, authentische Begegnungen können in einer Gesellschaft voller Ignoranz helfen, endlich „wieder Luft zu bekommen“. Geschichten, Erlebnisse und Begegnungen aus dem Alltag, so wie sie sich wirklich ereignet haben, habe ich nun ungeschminkt festgehalten[1], ohne zu beschönigen oder – genauso wichtig – eine moralische Keule zu schwingen. Ziel ist das, was ein guter Lehrer einmal so formuliert hat: „Nichts ist schöner und reiner, als die Freude eigenen Erkennens.“ So enthalten die folgenden Geschichten zwar kleine, versteckte Botschaften, aber nur für den, der sich auf sie einlassen und sie für sich entdecken möchte. Und vielleicht ist es auch für jeden eine andere?

„Komm, steh auf!“ versammelt nun 52 Geschichten, die helfen sollen wieder „atmen zu können“. Sie sind besonders den Menschen gewidmet, die das Gefühl haben, dass der ganz normale Alltag ihnen „die

---

1 Alle aufgeführten Namen wurden geändert.

Luft abschnürt". Denen, die einfach keine Energie mehr haben so weiterzumachen wie bisher und trotzdem keinen Ausweg sehen.

Ihnen soll „Komm steh auf!" immer wieder zusprechen: „Gib Dich nicht auf! Gestalte – soweit es geht – Dein Leben!"

Norbert Nientiedt, im März 2017

Inhalt

Seine Lebensrettung: „The Straight Story“

Es war schon etwas kühl und „kodderig“ an diesem Sonntag in Antwerpen, da entdeckte ich den Platz an der Sonne: Es gab vor „Kelly`s Irish Pub“ wärmende Heizstrahler. Ein hagerer Mann unter einem davon machte einen zufriedenen Eindruck. Unsere Blicke kreuzten sich und bevor ich ihn fragen konnte, bot er mir einen Platz unter seiner „Sonne“ an. Er nahm den Kopfhörer ab und fragte, ob ich mit ihm ein Guinness trinken wolle (das überstieg völlig sein Budget, wie ich bald erahnen konnte). Obwohl seine Kleidung nicht auf großen Reichtum hinwies, machte er einen fast glücklichen Eindruck, was ich ihm dann auch einfach so sagte.

„Sie haben völlig Recht, ich feiere jeden Sonntag an dieser Stelle und zu dieser Zeit meine Lebensrettung.“ Ich war irritiert und er – den ich an dieser Stelle einfach Franck nennen möchte – erklärte, dass er vor längerer Zeit hier gelandet sei, als man ihm gekündigt hatte. Sein Rücken habe nach 25 Jahren Arbeit als Packer im Hafen nicht mehr mitgemacht. Kurz davor sich völlig verzweifelt in Suizidgedanken zu verlieren, habe ihm an dieser Stelle ein freundlicher Mann ein Guinness bestellt und einen Kopfhörer mit einer wunderbaren Musik aufgesetzt.

Danach hätten sie ein heilendes Gespräch geführt und der Lebensmut kehrte zurück. Jetzt lebe er von einer kleinen Rente und komme jeden Sonntag hierher, um das Ritual zu wiederholen: „Immer nur ein Guinness und diese wunderbare, lebensrettende Musik und manchmal ein schönes Gespräch. Es scheint Ihnen gut zu gehen, wollen Sie trotzdem einmal hineinhören?", fragte er zögerlich.

Ich habe dann fast 20 Minuten die „Straight Story" von Angelo Badalamenti gehört, während das Guinness sich leerte und er mich dabei ansah. Bei der unglaublich herzlichen Verabschiedung wünschte er ausdrücklich, dass wir keine Namen und Adressen austauschten. Etwas verzaubert, mindestens aber sehr beeindruckt, verließ ich mit der Musik aus dem Film „The Straight Story" im Ohr diesen magisch anmutenden keltischen Ort.

Zufällig war ich zwei Jahre später wieder in Antwerpen und es zog mich zurück in den „Irish Pub". Ich hätte es niemals gedacht, aber tatsächlich begegneten wir uns erneut. Ich sprach ihn mit dem Namen Franck an und verriet ihm, dass ich unsere Begegnungsgeschichte aufgeschrieben hatte. Auch jetzt bestand er darauf, seinen eigentlichen Namen nicht zu nennen, war aber mit dem Synonym sehr einverstanden. In diesem Augenblick verstand ich, dass gerade wegen der vertrauensvollen Offenheit in unserer Begegnung Anonymität notwendig war.

Aus dem Tiefschlaf ans Tageslicht befördert

Kennen Sie das auch: Sie schnellen aus dem Tiefschlaf auf und für kurze Zeit haben sie ihren ganzen Traum präsent, drehen sich kurz um und schlafen dann weiter? Vor ungefähr 45 Jahren hat es bei mir angefangen, dass ich einen zufällig auf dem Nachttisch liegenden Notizzettel mit einigen Traumstichworten beschrieb, bevor ich dann weiterschlief. Am nächsten Morgen konnte ich den Traum mit etwas Mühe zu großen Teilen wieder ins Bewusstsein holen. Ab jetzt lag permanent der Zettel auf dem Nachttisch und die Einträge wurden ausführlicher. In der nächsten Phase ging ich, teilweise in Schlaftrance, an den PC, um den Traum zu sichern. Eigenartigerweise passierte das nur mit positiv besetzten Träumen, die dann oftmals neue Lösungsansätze für kleine und größere Aufgaben und Probleme lieferten. Inzwischen gelingt es sogar, mit einem Traumauftrag einzuschlafen, um dann – zumeist zwischen zwei und drei Uhr – die Früchte zu ernten. Interessanterweise gelingt das nie, wenn es um persönliche Vorteile oder gar Bereicherung geht. Ein anerkannter Hirnforscher aus Münster erklärte mir, dass es im menschlichen Hirn eine Stelle gäbe, die, anders als die anderen Hirnregionen, nachts nicht herunter, sondern extrem hochgefahren wird. Es handelt sich dabei um den Teil unseres Hirn, der für die Auflösung von Denkblockaden, für Problemlösung und Innovation zuständig ist.

Als ich 1971 die schockierenden Bilder über das Massensterben von Kindern durch verseuchtes Wasser im Fernsehen sah, ließ es mir keine Ruhe und sie verfolgten mich bis in meine Träume. Dort wurde mir klar, dass es tatsächlich möglich ist, viele Menschen zugleich anzusprechen. Beim Aufwachen wusste ich, was zu tun war: Mit vielen Freunden setzte ich eine Spendenaktion in Gang. Sie begann damit, dass ich – noch in Zeiten ohne Flatrate – mein gesamtes Monatsgehalt vertelefonierte, um die Genehmigung des Bundespostministers zur Auslage von Spendenkarten zu bekommen. Zahlreiche weitere Gespräche und Aktionen, bei denen ich mich nie abschütteln ließ, führten dazu, dass wir 447.000 DM einnahmen, so dass die Caritas drei Brunnen in Salboni in Ostpakistan bohren konnte. Auf unserem Werbeplakat war eine Mutter mit ihrem toten Kind im Arm zu sehen. Darunter hatten wir geschrieben: „Madonna 71 lebt in Ostpakistan." Die geretteten Kinder werden wohl heute um die 50 Jahre alt sein.

Die Traumsicherung gelingt aber nicht nur mit so außergewöhnlichen Träumen. Neulich rätselte ich den ganzen Abend über ein passendes Geburtstagsgeschenk für meine Schwester, bis meine Frau mich ins Bett schickte. Zum Frühstück konnte ich ihr dann die Geschenkidee präsentieren. Es war ein voller Erfolg.

Aus meiner Sicht ist es durchaus wahrscheinlich, dass auch Sie Erfolg mit der Traumsicherung haben könnten … aber denken Sie daran: Es geht nicht darum, sechs Richtige im Lotto zu schaffen. Es wird nur klappen, wenn es nicht um persönliche Bereicherung geht. Viel Erfolg!

Wofür ich der Kirche – trotz allem – dankbar bin

Schon beim Gang durch den Botanischen Garten hinter dem Münsteraner Schloss war er mir aufgefallen: Er trug eine karierte Hose, ein Hawaiihemd und hatte einen großen Strohhut auf. Der Mann sah für mich so aus, als habe er viel „Gartenverstand" und so wagte ich es, ihm eine Frage zu den großen fleischfressenden Pflanzen zu stellen, die mir sehr imponierten. Er antwortete auch prompt und sachkundig und wir verabschiedeten uns in gegenseitiger Sympathie. Im Schlossgartencafé sah ich ihn dann wieder und er winkte mich an seinen Tisch. Wir kamen in ein angenehmes Gespräch, das aber sofort abriss als er hörte, dass ich Theologe sei.

„Mit Kirche müssen Sie mir bitte nicht kommen. Meiner Frau wurde vor langer Zeit vom Pfarrer im Beichtstuhl mit dem Verlust des Seelenheils gedroht, wenn sie mit Hilfe von Verhütungsmitteln Familienplanung betreiben sollte. Wir waren bis dahin regelmäßige Kirchgänger und Kirchensteuerzahler. Nun ist meine Frau tot und ich habe nur noch negative Erinnerungen an die Kirche." Ich schwieg eine Weile und erzählte dann auch von meinem Negativerlebnis, das ich vor langer Zeit im Beichtstuhl hatte: Als kleiner Junge musste ich erleben wie ein Mönch, der mit meiner Familie gut bekannt war, unter dem Vorwand Briefmarken zu tauschen meine körperliche Nähe ausnutzen wollte. Ich sprang erschreckt auf und stürzte davon. Als ich dann wie jeden Samstag zur Kirche ging und dort den dunklen Beichtstuhl betrat, erkannte ich sofort seine Stimme. Ich stürzte davon, rannte nach Hause und warf mich auf mein Bett. Für lange Zeit konnte ich nicht mehr zur Beichte gehen, es war wie ein Trauma „Wieso haben Sie dann ausgerechnet Theologie studiert?", wollte er nun wissen. Ich entgegnete ihm: „Sie als Biologe müssen doch wissen, dass die Grenze unserer Wahrnehmung noch lange nicht die Grenze unserer Wirklichkeit ist!" „Ich kann den Zusammenhang nicht verstehen", sagte er zunächst deutlich; nach einer kurzen weiteren Pause, in der wir beide schwiegen, meinte er dann: „Als meine Mutter starb, war sie für alle einfach weg, so als hätte man sie entsorgt. Nur in der Kirche gedenkt man überzeugend der Toten und betet für sie, sogar für die Verstorbenen, um die niemand mehr trauert. Die Kirche gibt sich nicht ab mit dem Tod. Als Biologe fällt es mir schwer an ein Leben „danach" zu glauben...aber für diese Hartnäckigkeit bin ich trotz allem, was ich erlebt habe, der Kirche dankbar. Meine Frau habe ich so sehr geliebt, dass es für mich unvorstellbar ist, dass sie einfach weg sein soll und in der Kirche" – nun gab er zu, doch unregelmäßig noch ab und an in die Kirche zu gehen – „da wird das wenigstens auch öffentlich, klar und unmissverständlich gesagt."

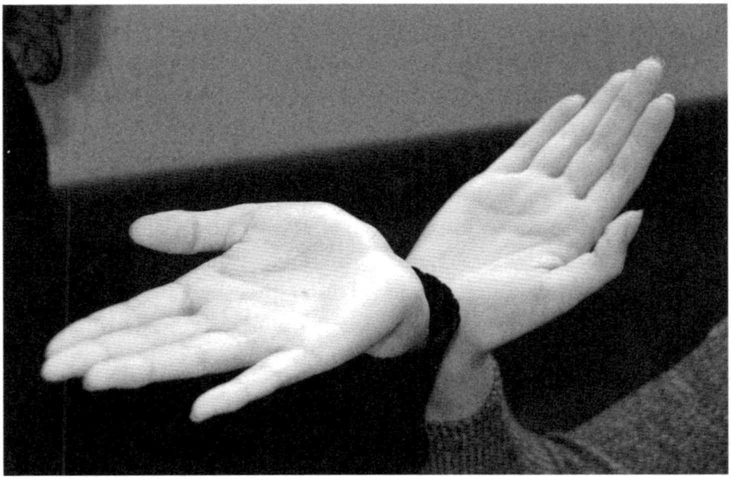

Alltag im Regionalzug

Auf der Rückfahrt einer wundervollen Reise hatte ich beim Umsteigen den ICE verpasst. Die Alternative war mit dem ganzen Gepäck in den mehr als vollbesetzten Regionalzug zu steigen oder zwei Stunden zu warten. Ich hatte mich gut erholt und dachte, dass die Situation vielleicht auch eine Chance sein könnte, ganz neue Erfahrungen zu machen. Und so kam es auch:

Zwei gut „gepolsterte" ältere Damen saßen auf einer Dreierbank, wo nur ein enges Plätzchen blieb. Da ich nicht die ganze Fahrt über stehen wollte und zu ihrer Gewichtsklasse passte, sprach ich sie humorvoll an: Ob ich mich setzen dürfte, auch unter der Gefahr, dass wir dann zu einer Einheit verschmelzen würden? Ebenso humorvoll wie unkompliziert stimmten sie freundlich zu. Jetzt begann die Dame rechts von mir auf die andere so energisch einzureden, dass diese keine Chance für eine einzige verbale Antwort hatte. Immer wieder entrüstete sie sich und ihre geduldige Zuhörerin konnte sie nur noch mit großen Gesten bestätigen. Die Frau, offenbar eine Kroatin, sprach vom plötzlichen Tod ihres Mannes und dem Unfall ihrer Tochter vor zwei Wochen. Die

Miete könne sie wohl nicht länger aufbringen und den Hund müsse sie wohl auch bald abgeben.

„Bochum Hauptbahnhof", schallte es aus dem Lautsprecher und bevor ich mich versah, war die Dame mit dem Akzent ausgestiegen und es trat Ruhe ein. „Jetzt können Sie aber aufatmen", sagte ich der großen Zuhörerin, die daraufhin anfing mich bis Dortmund mindestens ebenso mit Worten zu bombardieren wie sie es zuvor selbst erlebt hatte. Fast alle ihre Erlebnisse der letzten Woche mutete sie mir mit großer Selbstverständlichkeit zu und gab mir dabei ebenfalls nur die Möglichkeit, mit Gesten zu erwidern. In Dortmund stieg sie aus und es trat wiederum Ruhe ein. Ich versuchte für mich, das Erlebte zu reflektieren.

Schräg vor mir saß ein Mann mit Kopfhörern. Scheinbar innerlich abwesend hatte er die ganze Zeit unterschiedliche Papiere aus seiner Aktentasche genommen, sie studiert und wieder zurückgesteckt. Offenbar ein Pendler. Er hatte uns dennoch beobachtet und sprach mich an: „So ist das täglich hier – Sie scheinen wohl andere Züge zu bevorzugen." Ich gab ihm Recht. Er erklärte dann sehr glaubhaft, dass er in diesem Zug den Alltag und das Leben der Menschen im Ruhrgebiet kennengelernt habe und forderte: „All die Politiker, Professoren und Pfarrer, die mit einem Glasperlenspiel von Fachausdrücken uns belehren oder auch regieren, sollten nur einmal zu *dieser* Zeit mit *diesem* Zug fahren."

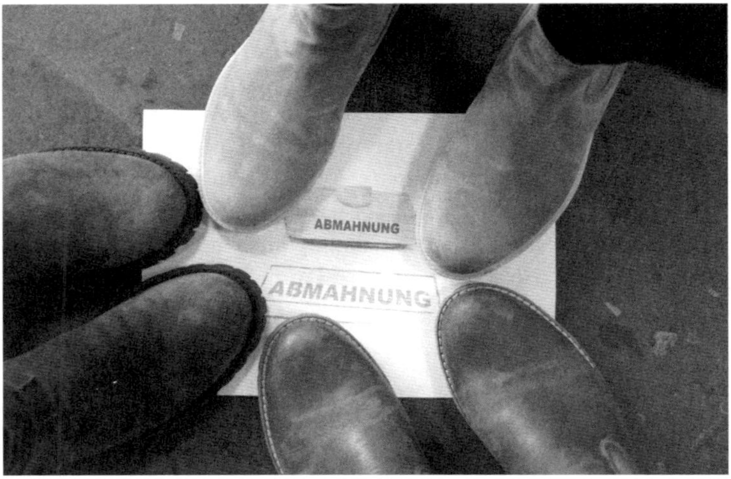

Der heilige Paul von der Stadtverwaltung

Es hatte sich bei den wartenden Besuchern der verschiedenen Ämter herumgesprochen: Wenn du den Antrag nicht verstehst, ihn nicht korrekt ausfüllen kannst oder vielleicht gar nicht weißt, welches Amt für dein Anliegen zuständig ist, dann gehe zum heiligen Paul. Der städtische Mitarbeiter Paul Meiering nimmt sich immer Zeit, bleibt freundlich und zugewandt und kennt sich bestens aus. Sein Vorgesetzter wusste genau, dass er eine besondere pädagogische Ader hatte und schätzte ihn sehr. Nun gibt es in Münster viele Menschen – und sicher nicht nur ältere Damen – die gerne einmal jemandem etwas erzählen möchten, da sie in ihrem persönlichen Umfeld niemanden mehr haben, der noch bereit ist ihnen zuzuhören. Lebenspartner und gute Freunde sind weggezogen oder verstorben. Das Kurzzeitgedächtnis hat abgenommen und die „Ollen Kamellen" von früher will niemand mehr hören. Das Langzeitgedächtnis funktioniert aber noch…

So kam es, dass die Anfragen bei Paul Meiering oft nur noch verdeckt etwas mit der Stadtverwaltung zu tun hatten. Paul blieb trotzdem freundlich und nahm sich auch jetzt noch Zeit. Manchmal nahm er nach einem Gespräch Kontakt mit einer Sozialbehörde, Gemeinde oder einem Pfarrer auf. Sein eigentlicher Einsatz im Dezernat musste da natürlich zurückstehen. Der Dienstleiter bekam nun aber Schwierigkeiten mit dem Leiter des Dezernats, Herrn Mühlstein. Eine Ermahnung an Herrn Meiering, der unter seinen Kollegen längst liebevoll „heiliger Paul von der Stadtverwaltung“ genannt wurde, blieb wirkungslos. Der Dezernatsleiter schaute in Pauls Personalakte und stellte fest, dass er im nächsten Jahr das Pensionsalter erreichen würde. Die schon beschlossene Abmahnung blieb aus, stattdessen überlegte Herr Mühlstein schon jetzt seine Worte für die Abschiedsfeier.

Tatsächlich beendete er seine Rede im Jahr darauf mit der Frage: „Herr Meiering, wollten Sie eigentlich, bevor Sie zur Stadtverwaltung kamen, Lehrer oder gar Pastor werden?“ Paul wurde leicht rot und etwas verlegen. Er wusste nicht, wie er antworten sollte. Seine Kollegen, die vielen Anwesenden und sogar der Dezernatsleiter aber dachten: Er war ja einer!

„Lecker Mädchen“

Die Münsteraner/innen sind dafür bekannt, auf ihre schöne Stadt sehr stolz zu sein. Die vielen Auszeichnungen der letzten Jahre (lebenswerteste Stadt, Friedensstadt etc.) haben diese Tatsache noch verstärkt. Wenn der „Tatort“ aus Münster über den Äther flimmert, der ja bekanntlich der quotenstärkste ist, dann freuen wir uns ganz besonders, wenn der Prinzipalmarkt oder die Lamberti-Kirche ins Bild finden. Mein Freund Alfred glaubte, fast alles über Münster zu wissen. Bis seine Freunde aus Utrecht ihren Besuch ankündigten. Er wollte ganz sicher gehen und wälzte noch schnell seine Münsterprospekte und -bücher. Sogar bei einer Stadtführung mogelte er sich dazu und sammelte noch letzte ihm bis dahin verborgen gebliebene Details. Nun fühlte er sich für den Besuch gewappnet. Ein befreundeter Historiker hatte ihm sogar noch die historischen Hintergründe der Rolle Utrechts bei der Missionierung Westfalens erläutert. Der Historiker hatte Alfred auch erklärt, dass der Münsteraner Fürstbischof Christoph Bernhard von Galen, mit Spitznamen „Bombenbernd“, im 17. Jahrhundert erfolglos versucht hatte, Utrecht mit Gewalt wieder zum „rechten“ katholischen Glauben zu zwingen. Diese Information wollte er bei seiner Stadtführung aber lieber verschweigen. Der große Tag kam und alle waren mit seiner Führung sehr zufrieden. Auch hartnäckige Fragen zu den Wiedertäufern konnte Alfred beantworten. Der Abschluss an der facettenreichen Lamberti-Kirche hatte es in sich, aber Alfred war gut vorbereitet.

Schwierigste Fragen zu den Figuren über dem Hauptportal, zur Tradition des Lambertusspiels, zur Aufgabe und der Geschichte des Türmers wurden mit Bravour beantwortet. Der Abschluss sollte am stets geschlossenen Westportal sein. Zum großen Erstaunen der holländischen Besucher konnte Alfred erklären, dass die Darstellungen der vier Evangelisten aus dem Jahre 1911 ein kleines Geheimnis verbargen: „Johannes trägt die Züge von Friedrich Schiller und Lukas die des großen Dichters Johann Wolfgang von Goethe." Eigentlich war die Führung jetzt beendet, aber da gab es noch eine Figur über dem Portal und Alfred kam deutlich ins Schwitzen. Er schaute hilflos auf die gegenüberliegende Konditorei[2] der Familie Kleimann und sagte einfach: „Das ist der heilige Kleimann." „Was ist denn das Besondere an diesem Heiligen?", wollten die Holländer jetzt auch noch wissen. Alfred aber fiel nichts anderes ein als zu sagen: „Er hatte immer ein Herz dafür, dass die Menschen nicht nur *irgendetwas* zu essen hatten, sondern *süß* und *lecker* musste es sein." Bei dem Wort: „lecker" erhellten sich die Mienen der Besucher aus den Niederlanden, denn man muss wissen, dass sie dieses Wort sehr häufig benutzen. Sehr gerne auch dann, wenn es sich um eine ansehnliche Person des weiblichen Geschlechts handelt: „Lecker Mädchen".

2 Leider wurde das Café Kleimann im Frühjahr 2016 geschlossen.

Das Geheimnis der Liebe oder: „Wie eine Beziehung gelingen kann!“

Es schien zunächst nur eine ganz normale Begegnung am Kaffeetisch zu werden. Der sympathische Mann Mitte 40 machte den Eindruck eines erfolgreichen Geschäftsmannes. Ich tippte auf Manager im oberen Segment. Wir kamen über die wirtschaftliche Lage ins Gespräch und er outete sich tatsächlich als Vorstandsmitglied eines börsenorientierten Unternehmens. Als ich seine Frage nach meiner beruflichen Tätigkeit mit „Seelsorger“ beantwortete, schluckte er auffällig und wurde nachdenklich. Die Wichtigkeit der Ökonomie war wie weggeblasen. Ich spürte, dass das Wort „Seelsorge“ bei ihm etwas ausgelöst hatte. Zunächst traute ich mich nicht, dann aber fragte ich ihn einfach: „Wollen Sie vielleicht über etwas sprechen“?

„Meine zweite Beziehung ist gerade sehr gefährdet, obwohl wir fast alles gemeinsam machen und ich meine Hobbys Fußball und Galopprennen total zurückgefahren habe.“ Ich hakte nach und wollte wissen, woran die erste Beziehung gescheitert sei. „Wir führten eine Wochenendbeziehung, meine Freundin arbeitete in Berlin und die meisten Gespräche waren online.“ Jetzt musste ich an einen Text denken, der vermutlich genau den tieferen Grund für seine Sorgen beschrieb. Ich sagte es ihm und er fragte, ob ich ihm diesen Text nicht noch heute mailen könnte.

„Sehr gerne", antwortete ich dem jetzt gar nicht mehr so selbstbewusst und souverän wirkenden Erfolgsmann. „Ich habe es nicht weit bis zu meiner Wohnung und werde in 15 Minuten mit dem Text zurück sein", rief ich ihm beim Anziehen meines Mantels zu, als er noch nach dem Titel des Textes fragte: ‚Das Geheimnis der Liebe ist das Geheimnis der richtigen Nähe und Distanz' – ein Ausschnitt aus dem Tagebuch von Max Frisch. Auf dem nahen Weg bis zu meiner Wohnung kam mir sein Blick nicht aus dem Sinn. Zurückgekehrt sprachen wir noch einige Zeit über seine neue Beziehung. Immer deutlicher wurde, dass die Wünsche der beiden im Zusammenleben nicht harmonisch waren. Uns wurde gemeinsam klar, dass es in Beziehungen wichtig ist, Nähe zuzulassen und gleichzeitig Distanz zu wagen, das richtige Verhältnis auszuloten – aber das geht nur gemeinsam.

„Sei eine Stimme – kein Echo!“

An sonnigen Tagen wird es schwierig, im Café am Aasee noch einen guten Platz zu ergattern. Ich hatte Glück und genoss Zeitung und Kaffee in vollen Zügen. Nach ein paar Minuten fragte ein völlig in schwarz gekleideter Mann von ca. 50 Jahren, ob er sich dazu setzten dürfe. Ich freute mich und sagte sofort ja, denn er wirkte irgendwie interessant und hatte meine Neugier geweckt. Das sich alsbald entwickelnde Gespräch enttäuschte mich nicht. Alex hatte eine steile Karriere als Fondsmanager in der Schweiz hinter sich und erklärte, dass er beschlossen habe, etwas zurückgeben zu wollen. In der nächsten Woche wolle er nach Thailand fliegen, um sich aktiv und finanziell an einem Projekt zu beteiligen, das Kinder schützt, die von der sexuellen Ausbeutung durch organisierte Banden bedroht sind. Die vielen Touristen – auch aus Deutschland – sorgen immer wieder dafür, dass das „Geschäft“ leider blüht. Alex hatte von „roterkeil“ gehört, eine in Münster von Jochen Reidegeld, dem stellvertretenden Generalvikar, gegründete Organisation gegen Kinderprostitution, und wollte deren Arbeit kennenlernen.

Am Nachbartisch wurde es plötzlich sehr laut. Ein Rollstuhlfahrer hatte den Unmut eines etwas cholerisch wirkenden Mannes geweckt, der sich mit fast beleidigenden Worten darüber ärgerte, dass der Rollstuhl zwei Plätze blockierte. Mein Gesprächspartner Alex stand auf und postierte sich vor dem deutlich kleineren Mann. Er neigte sich tief zu ihm herunter und fragte ihn dann in einem sehr deutlichen, aber auch ruhigen Ton, ob er sich vorstellen könne sein Leben ab jetzt im Rollstuhl zu verbringen. Die ganze Cholerik und Aufgeregtheit war wie weggeblasen und der Mann stotterte: „E nt schul di gung."

Kurz danach verabschiedete sich Alex und als er sich umdrehte sah ich, dass sein T-Shirt von hinten bedruckt war. Vor dem Hintergrund des gerade Erlebten verstand ich die Aufschrift jetzt noch besser: „be a voice not an echo".

Rudy wird 80

Seine liebe Frau war unheilbar krank. Rudy war nicht gerade ein perfekter Hausmann oder eine Pflegekraft, aber er schlug sich tapfer. Im November verschlimmerte sich die Krankheit und das Krankenhaus war nicht länger zu verhindern. Täglich war Rudy am Krankenbett, nur am Samstag zur Bundesliga gönnte er sich die Auszeit in seiner geliebten Fußballkneipe, der „Nordschänke“ im Kreuzviertel. Dort hatte er auch von seiner Situation erzählt. Ein gelernter Sozialarbeiter und ein Krankenpfleger, die ebenfalls Fans des Lieblingsvereins von Rudy sind, fragten jetzt öfter nach und besuchten abwechselnd mit ihm seine Frau im Krankenhaus. Als diese kurz vor Weihnachten starb, wurde die Kneipe zum ersten Zufluchtsort von Rudy. Er erfuhr dort von immer mehr Besuchern Trost und Unterstützung. In seiner liebenswerten Art erwähnte er nebenbei, dass er nur alle vier Jahre Geburtstag habe und so noch ein zwanzigjähriger Hüpfer sei. Die aufmerksamen Fußballfans aber hatten sich den 29. Februar genau gemerkt. Sie organisierten einen einmaligen, personalisierten Präsentkorb. Da gab es neben den Lieblingsspeisen und Getränken von Rudy auch ein Ölkännchen zum Schmieren der stotternden Gelenke, natürlich die Zeitschrift „Kicker“, einen Fußball mit den Unterschriften von fast 80 Fans und vieles mehr. Der 29. Februar 2016 kam und als Rudy seine geliebte Kneipe pünktlich zum Anpfiff betreten wollte, kam er in einen abgedunkelten Raum, der sich bei seinem Erscheinen zunächst nur durch die achtzig kleinen Kerzen auf einem Geburtstagskuchen erhellte. Der beste Sänger der Fankurve stimmte auf den Neu-Achtzigjährigen das Geburtstagsständchen an und der Wirt wollte den Geschenkkorb überreichen. Da spätestens wurde Rudy von seinen Gefühlen übermannt und Tränen rannen über seine Wangen. Sichtlich ergriffen fragte er: „Ein alter Mann darf doch noch weinen?" Jetzt wurde er geherzt und geknuddelt wie Mario Götze nach dem Weltmeisterschaftstor in Brasilien. Schließlich löste sich das Geburtstagskind von seinen Fans und ging zielstrebig auf die Glocke an der Theke zu. Mit bewegter Stimme verkündete der überglückliche Rudy: „Lokalrunde für alle!"

Sauber von Aussen ... rein von Innen

An jedem Samstag um 17 Uhr war es soweit: Alle fünf Kinder kamen, der Orgelreihe nach, in den Badezuber, wo richtig geschrubbt wurde. Danach waren sie sauber, aber eben noch nicht rein. Aus diesem Grund gingen sie dann ins benachbarte Kapuzinerkloster zum Beichten. Natürlich könnte ich an dieser Stelle die ganze Problematik der Kinderbeichte (unglaubliche Beichtspiegel gab es: Wann habe ich wie oft unschamhaft geguckt usw.) kritisch-theologisch untersuchen, aber darum soll es hier nicht gehen. Das Gefühl, das ich nach dem „Rubbelbad“ und der anschließenden Beichte auf dem Rückweg vom Kloster hatte, war unbeschreiblich befreiend. Alles, was mich belastet hatte, war weg, die Chance für einen Neuanfang gegeben; nichts Halbherziges war das, Woche für Woche. Vielleicht sagt man heute: „die Reset-Taste drücken“?

Wenn ich wie jetzt gerade mit meinem Rechner Probleme habe, dann kann ich diese Taste drücken und von vorn anfangen. Wie ist es aber um meine wirklichen Probleme bestellt? Die Art und Weise von damals ist so 1:1 nicht mehr möglich, vor allem dann nicht, wenn es sich um echte Beziehungsprobleme, Schuldempfinden und Versagen handelt. Gott ist immer noch zu wunderbarer, heilender und restloser Vergebung bereit. Wir modernen Menschen aber haben es uns angewöhnt, wenn überhaupt, dann nur auf Raten zu vergeben und zu unserer Schuld höchstens eingeschränkt zu stehen. Das aber funktioniert nicht und wird den Praxen der Therapeuten weiterhin großen Zulauf bescheren.

Meine Nichte lebt in Amerika und erzählte mir folgende Geschichte[3], die dort jedes Kind kennt: Ein junger Sträfling, der sich nicht sicher war, ob ihm seine Familie vergeben hatte, bat darum, dass sie ein weißes Band in den Baum im Garten hängen sollten; in diesem Falle würde er wieder heimkehren. Ansonsten aber sei seine Zukunft ungewiss. Mit dem Zug näherte er sich auf das höchste angespannt dem elterlichen Garten. Nicht ein Band, sondern einen ganzen Baum voll mit weißen Bändern konnte er sehen. Jetzt durfte er wirklich heimkehren, der Neustart war möglich. Seine Familie hatte es begriffen: Vergebung geht nur ganz und nicht auf Raten. Beim Hören dieser wahren Begebenheit kam mein Gefühl aus der Kindheit, die Sehnsucht nach der befreienden und heilenden Vergebung wieder zurück.

---

3 Nach einer Erzählung von John Kord Lagemann, The Reader's Digest, März 1961, S. 41f.

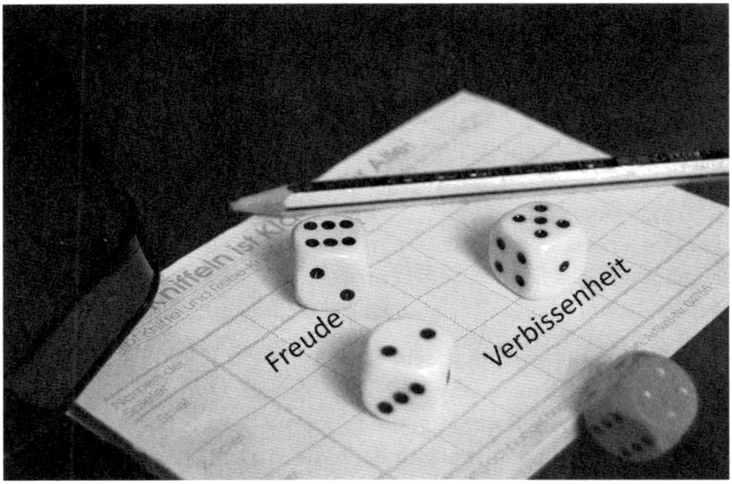

Begegnung mit „Homo Faber“ beim Kniffeln

Kniffeln war angesagt und alle freuten sich sehr darauf. Alle, das ist Erika, die ihren Mann rund um die Uhr pflegt und nur alle vier Wochen für diesen Termin eine Vertretung hat. Das ist Albert, der Autobahnpolizist, der nach der stressigen Arbeit beim Kniffeln so herrlich entspannen kann und uns immer mit witzigen Details aus seinem reichen Schatz an erlebten Kuriositäten verwöhnt. Das ist Sybille, die ebenso wie der Sportwart Klaus ein anstrengendes Ehrenamt im Hospiz ausübt. Das ist Enno, der Rentner, der beim Kniffeln endlich unter die Leute kommt und vier Wochen davon zehrt. Alle, das sind auch Erwin und Claudia mit ihrer Tochter Lena und viele mehr.

Seit zwei Jahren gehöre ich auch dazu und spüre immer deutlicher, dass die Freude auf die Begegnung mit all den Vorgenannten im Vier-Wochenrhythmus mir mindestens so viel gibt wie das Kniffeln selbst. Nur beim letzten Mal, da war das anders. Ausgerechnet Erika schuf einen unglaublichen neuen Rekord: Acht Kniffel in einer Runde hatte zuvor noch nie jemand geschafft, die ausgelassene Freude bei ihr war unbeschreiblich. Unser Jubel war ziemlich lautstark und hatte einen Mann von der Theke angelockt, der sich später als Mathematiker outete. Er versuchte uns mit dem Gesetz der „Großen Zahl“ und einigen Erkenntnissen aus der Stochastik zu verdeutlichen, dass es keinen Grund gäbe sich zu wundern und demnach auch keinen sich übermäßig zu freuen. Denn die acht Kniffel seien nur ein singulärer Wurf und würden bei genügend langem Kniffeln absolut nicht mehr auffallen. Erikas Freude war, gelinde gesagt, ausgebremst, bei Albert kam deutlich Ärger und Wut auf und ich wurde an „Homo Faber“, den Roman von Max Frisch erinnert, wo es eine ähnliche Szene gibt. Homo Faber, der alles erklären kann, scheitert menschlich – denn mit seiner ständigen Analyse nimmt er der Freude ihre Leichtigkeit.

Der Mathematiker nahm unsere Reaktionen zur Kenntnis und wandte sich cool wieder seinem Getränk zu, das an der Theke bereits verschalt war. Keine Entschuldigung. Er wusste ja, dass er im Recht war. Oder vielleicht doch nicht? Gilt denn die mathematische Logik auch für menschliche Beziehungen und deren Ausformungen wie Staunen, Freude und Spaß?

Der Kniffelabend ging zwar noch weiter, hatte aber seinen Charme verloren. Vor allem natürlich für Erika, die ihre unmittelbare Fähigkeit zur Freude an diesem Abend nicht mehr richtig zeigen konnte.

Credo, der fromme Hund

Frau Schwegmann ist eine gläubige und echte Münsteranerin. Ihr Hund Credo hat vor einiger Zeit sein Herrchen verloren. Er ist ein reinrassiger münsterscher Rauhaardackel und ebenso fromm wie sein Frauchen, wie mir Frau Schwegmann stolz berichtete. Nach dem Tod seines geliebten Herrchens Gustav sei er sogar noch frommer geworden.

Ich konnte mir das nicht vorstellen und wagte es, leichte Zweifel vorzubringen. Frau Schwegmann war darüber aber deutlich erbost und ordnete kurzerhand an, dass wir uns am nächsten Tag zur Maiandacht treffen würden, wo sie mir den Beweis liefern wollte. Gleichermaßen skeptisch und neugierig ging ich zum Kapuzinerkloster. Da kam auch schon Frau Schwegmann mit Credo, dieser aber bellte unaufhörlich und schien mich überhaupt nicht zu mögen. Sie wird es doch wohl nicht wagen, mit diesem bellenden Hund die Kirche zu betreten, dachte ich mir nicht nur, sondern fragte sie auch danach: „Sie haben natürlich recht", antwortete die stolze Hundebesitzerin, „mit einem bellenden Hund würde ich das nie tun." Als ob Credo es genau verstanden hätte, bellte er jetzt noch lauter. Wohl um es zu bestätigen, denn er schien in seinem Stolz gekränkt worden zu sein.

Jetzt luden die Glocken des Klosters eindringlich zur Maiandacht und Frau Schwegmann ging ohne zu zögern mit dem bellenden Credo in Richtung Kirchenportal. Ich musste in diesem Augenblick wohl sehr ratlos ausgesehen haben. Noch erstaunlicher aber war Credos Verhalten während der Andacht. Keinen einzigen Ton gab er von sich. Nach dem Segen sagte Frau Schwegmann mit erhobener Stimme zu Credo: „Jetzt stecken wir für Herrchen eine Kerze an." Credo folgte gehorsam und lautlos. Nachdem wir aber die Kirche verlassen hatten, bellte er in einer Weise, die wohl nur sein Frauchen verstehen konnte. Ich bat um eine Übersetzung und Frau Schwegmann sagte mir: „Credo ist sehr zufrieden, er liebt das Ritual...", nur meine Anwesenheit dabei habe ihn gestört – was er dann auch noch mit einem ganz besonders lauten Bellen unterstreichen musste.

„Sie mussten ja nicht viel leiden …“

Der Unfall kam aus heiterem Himmel. Der Schmerz über den Verlust der Mutter, ohne Abschied nehmen zu können, war brutal. Die Trauer konnte noch gar nicht beginnen, hatte keinen Platz bei so viel Pein. Vater litt am deutlichsten. Er hatte keine größeren gesundheitlichen Probleme und doch war mir klar, dass er sich bald verabschieden würde. Genauso plötzlich kam es dann auch. Wir fanden ihn am Morgen, tot. Das Aufheulen von Rettungswagen wurde zu einem unerträglichen Geräusch.

Ich war völlig neben der Spur, versuchte aber nach außen so zu tun, als ob alles halbwegs in Ordnung sei. Die Seele rächte sich prompt: Es war morgens um halb elf in der Klasse 10d, als ich während meines

Unterrichts zusammenbrach. Allein kam ich zur Ruhe, aber das Leben musste weitergehen. Freunde, Verwandte, Kollegen und Bekannte, denen ich danach begegnete, wollten es mir – aus ihrer Sicht wohlwollend – erleichtern. Im Ohr ist mir geblieben: „Seid froh, beide mussten ja nicht viel leiden." „Euch ist der Pflegedienst erspart geblieben." „Du brauchst dich um nichts mehr zu kümmern."

Der Verstand sagt *heute,* nach so vielen Jahren, dass das sachlich natürlich stimmt. In der Situation damals hatten diese Tröstungsversuche jedoch nicht den Verstand erreicht, sondern meine Gefühle verletzt. Als sie immer wieder ausgesprochen wurden, kam Wut auf. Wollten sie eigentlich nicht spüren wie es mir ging? Der sicher gut gemeinte Satz „Sie mussten ja nicht viel leiden" entlässt den, der ihn sagt, aus der Verantwortung für mögliches Mitgefühl oder gar Begleitung; ja, vielleicht sagt er zwischen den Zeilen sogar: „Sei froh, denn ich weiß noch nicht, wie es bei mir einmal sein wird."

Die Feier in der Friedhofskapelle brachte in mir das Fass zum Überlaufen: Alles, was sich angestaut hatte, wollte und musste jetzt heraus: Rationale und theologische Erklärungsversuche waren für mich in diesem Moment so unpassend, dass ich keine andere Möglichkeit sah, als vor der Trauergemeinde aufzustehen und mit offenen Worten auszusprechen, wie chaotisch es in mir aussah. Die wohlgeordneten Rituale waren zu unpersönlich und zu rund, um wirklich Trost zu spenden, um Trauer Ausdruck zu verleihen, die man nie einfach „weg reden" kann.

Heute kann ich mit meinem Verstand darüber sprechen, schreiben. Wenn aber der Rettungswagen aufheult oder ich in den Gesprächen um mich herum wieder einmal höre: „Sie/Er musste ja nicht viel leiden", dann ist *alles* wieder da, der Schmerz und auch die Wut.

„Kom sta op!“ – „Komm, steh auf!“

„Kom sta op!“, das war der rote Faden der Osternacht in der kleinen Kirche an der belgisch-französischen Küste. Nach seiner wunderbaren Predigt schenkte der Pfarrer jedem das eindrucksvolle Bild von einer Waldlichtung und dem rückseitigen persönlichen Gebet mit dem Titel „Kom sta op“.

Nach der Feier waren alle in den Pfarrsaal geladen und ich nahm Platz neben einem Mann, der gerade an der Aufforderung „Kom sta op!“ zu knapsen schien. Er reichte mir das Brot und den Rotwein und in seinem Blick sah ich Not. Schließlich begannen wir ein schwieriges Gespräch. Er sprach weder Deutsch noch Englisch und mein Niederländisch und Französisch sind begrenzt. Ich bat ihn, einfach herauszulassen, was ihn bedrängte. Er schlug vor, zu ihm zu gehen. Nach einem fünfzehnminütigen Fußweg kamen wir an. Er weckte seine Frau (es war 1 Uhr nachts), die für uns einen starken Kaffee kochte und sich dann wieder zurückzog. Jetzt begann er zu reden, zu stammeln und zu weinen. Ich begriff, dass seine erste Frau sich von ihm getrennt hatte und in Brüssel lebte. Er litt darunter, dass sie von dem neuen Partner geschlagen und vernachlässigt wurde. An diesem Karsamstag hatte sie ihn angerufen, um ihm mitzuteilen, dass nun ihr gemeinsames Kind ebenfalls geschlagen wurde. Er war wütend, niedergeschlagen und wollte doch endlich aktiv werden, „aufstehen". Wir arbeiteten jetzt gemeinsam an einem Konzept, das sein Kind und seine Frau schützen sollte. Von Münster aus wollte ich die einzelnen Schritte begleiten *(was später auch wirklich möglich war!)*.

Um 4 Uhr in der Frühe verabschiedeten wir uns draußen bei strömendem Regen; er nahm mich in den Arm und sagte leise: „Heute, in dieser Osternacht, hat Gott mir einen Engel geschickt." Wie auf Flügeln erreichte ich pitschenass morgens um halb fünf meine Pension. Bis zum Frühstück war nicht an Ruhe zu denken. Nach einem opulenten Ostermahl aber konnte ich wunderbar einschlafen. Nachmittags um 17 Uhr sagte ich mir dann: „Kom sta op" und der anschließende Spaziergang am Meer war die stärkste österliche Erfahrung, die ich bisher machen durfte.

DER KARDINAL UND DIE „LEEZE" DES WITWERS

Schon zweimal hatte man dem 81-jährigen Witwer das geliebte Fahrrad, seine „Leeze" wie man in Münster sagt, beim Besuch des Marktes, der einen Fixpunkt in seiner Wochenplanung darstellt, gestohlen. Den Kardinal kennt er nicht nur aus den Geschichtsbüchern. Sein Vater hatte dessen Predigten damals alle gehört; seit einem Jahr vertraut er dem „Löwen von Münster" nun seine Leeze an. Zu Füßen des schönen Denkmals parkt er es, dort steht es wenigstens sicher.

Heute aber tauchen zwei Ordnungshüter mit eindrucksvollen Dienstmützen auf und wollen ihn daran hindern. Plötzlich wird es sehr laut, so dass ich aufmerksam werde. „Wo soll das hinführen, wenn alle hier ihre Fahrräder abstellen", höre ich von dem einen. „Das Rad muss hier weg: Basta!", sagt der andere unmissverständlich und in scharfem Ton. Der Rentner weist auf sein besonderes Verhältnis zum Kardinal hin, aber das scheint ihm jetzt auch nicht mehr zu nutzen. Endlich spüre ich deutlich, dass ich ihm zur Hilfe kommen muss. „Wissen Sie überhaupt, was sich hinter der Kapelle des Kardinal von Galen befindet?", frage ich die beiden. „Der Papst hat in Rom das Jahr der Barmherzigkeit ausgerufen und die „Heilige Pforte" geöffnet. Jeder der hindurchgeht, kann – *bei entsprechender Reue* – mit einem besonderen Nachlass seiner Sünden rechnen. Der Bischof von Münster hat hier ebenfalls eine Pforte aufbauen lassen." Ich gehe auf diese zu und der Rentner folgt mir. „Kommen Sie, auch unsere Pforte hier in Münster wirkt", sage ich in Richtung der beiden Ordnungshüter, die das Angebot wohl heute noch nicht annehmen wollen und sich ziemlich schnell verziehen. Das Fahrrad aber bleibt wie immer sicher unter dem Denkmal stehen und nur wer genau hingesehen hat, entdeckte das Schmunzeln des Kardinals.

„Ein Wunder, ein Wunder!"

Ich erinnerte mich gestern, als ich in der Zeitung von Cybermobbing lesen musste, an damals – vor fast 40 Jahren. Das Sommerlager im Schwarzwald war für die 9-12 Jährigen der Kirchengemeinde ein echtes Highlight. In diesem Jahr war ich mit der Leitung betraut und lernte dabei in meiner Gruppe Uwe kennen, einen Jungen mit Übergewicht, der gemäß seiner Kilozahl allgemein nur als „Neunundsechziger" bezeichnet wurde. Er litt darunter, ebenso wie Alfred, der sehr schmächtig war und wegen seines Sprachfehlers (er stotterte) gehänselt wurde. Mit allen Beteiligten vereinbarten wir damals, dass während des Lagers jede Form von Mobbing absolut untersagt und mit der Heimfahrt bestraft werden sollte. Es gab grenzwertige Situationen, aber alle bemühten sich und hielten sich an die Vereinbarung, die wir, wie „Indianer“ mit einem etwas theatralischen Schwur immer wieder neu bekräftigten.

Der Alltag hatte mich längst wieder eingeholt, als drei Wochen später Alfreds Mutter an der Pfarrhaustür schellte. Der Pfarrer, der selbst nicht im Lager gewesen war, öffnete die Tür und es wurde sehr laut. Ich wohnte damals auch im Pfarrhaus und wollte gerade die Treppe hinuntergehen, als ich hörte, wie Frau Baranowski aufgeregt rief: „Ein Wunder, ein Wunder!“ Der Pfarrer war völlig sprachlos und wollte nun genaueres wissen. „Es muss im Lager passiert sein“, sagte die Mutter, „der Sprachtherapeut kann sich Alfreds gewaltigen Fortschritt überhaupt nicht erklären.“ Auf der Treppe stehend hatte ich damals ein tiefes Gefühl von Glück und Dankbarkeit.

Die befreiende Erfahrung des Jungen während des Sommerlagers offenbarte mir schlagartig, wie sehr Kinder leiden, wenn sie gehänselt oder gemobbt werden. Neugierig frage ich jetzt „Doktor Google“ was wohl mit Alfred inzwischen geschehen ist. Ich gebe seinen Namen ein und erfahre, dass er im letzten Jahr beim Duisburg-Marathon den zweiten Platz belegt hat.

Begegnung mit jovelen Tucken und Animen[4]

Gestern Abend war endlich das große Abendessen, auf das sich eine gute Freundin mehrere Tage mit viel Fantasie und einigem Aufwand vorbereitet hatte. Alle Gäste bis auf Frau Bücker waren nicht nur mit dem guten Essen sehr zufrieden, sondern genossen offensichtlich auch das schöne Ambiente und die gelungene Dekoration. Bei jedem der fünf Gänge fragte sie mit gerunzelter Stirn nach, wie viele Kalorien denn die Boullion, die Thunfischsauce, die Roulade oder die Herrencreme denn enthalte? Sie bremste damit den offensichtlichen Genuss der geladenen Gäste, hauptsächlich freundlichen Animen, deutlich aus und die Stimmung der Gastgeberin sank immer mehr. In mir wuchs der Drang, deutliche Worte zu finden – ein stummer Wink führte jedoch dazu, dass ich meinen Unmut herunterschluckte.

Am anderen Morgen schien der Abend vergessen zu sein. Beim genüsslichen morgendlichen Studium der Tageszeitung kommen mir faktische Themen in den Sinn: dass das sicherste Verkehrsmittel laut

4 Die Begriffe stammen aus der Masematte, einem lokalen Münsteraner Dialekt, der ursprünglich nur in sozialen Unterschichten gesprochen wurde. Jovel: angenehm, sympathisch; Tucken: geschwätzige Frauen; Animen: elegante Damen

Statistik der Aufzug sei, erst dann kommen Flugzeug, Bahn, Bus, Auto und Fahrrad. Bezüglich des Rades wundert es mich nicht, an den Aufzug hatte ich aber wahrlich nicht gedacht. Egal. Nun brauche ich Bewegung und steige so auf die Leeze. Mein heutiges Ziel ist der Aasee und als Belohnung ein Kaffee im Mühlenhof. Dort angekommen, nehme ich draußen Platz und genieße Sonne und Ambiente, bis, ja bis diese laute „Tuckentruppe" eintrifft. Da es nicht tatsächlich möglich ist, *nicht* zuzuhören, ergebe ich mich und mache neue interessante Erfahrungen. Schon wieder geht es nicht um das Leckere, was auf dem Tisch steht, sondern um die Folgen: Das wunderschöne Wetter, die Freude über den Ausflug, der romantische Mühlenhof, alles gerät in den Hintergrund, als gerade die Dame mit der Idealfigur sich ein doppeltes Stück Kuchen mit Sahne bestellt. Die anderen – normal bis zur XXL-Gewichtsklasse gehörende Frauen – blicken neidvoll auf ihren Teller. Schließlich sagt es eine frei heraus: „Du kannst es dir bei deiner Figur ja auch leisten!" „Ich benutze ja auch nie den Aufzug und habe die Treppen zu meinem Fitnessgerät gemacht", kontert die Beneidete. Die andere Dame im etwas engen knallroten Kostüm gibt kleinlaut zu, auf Mallorca schon einmal im Aufzug festgesteckt zu haben und beteuert, ihn ab sofort meiden zu wollen und nur noch Treppen zu steigen. Jetzt erklären nach und nach auch die anderen, dass es ja doch *fürchterlich* gefährlich sei, Aufzug zu fahren.

In mir kocht der Abend wieder hoch, ich kann einfach nicht mehr stillhalten und werfe in die Runde: „Liebe Damen, der Aufzug ist das sicherste Verkehrsmittel laut Statistik!" Als ich dann aber merke, dass ich der Dame, die gerade beschlossen hat, über das Treppensteigen fitter zu werden, die Motivation nehme, rudere ich zurück und erkläre: „Winston Churchill hat einmal gesagt: ‚Traue keiner Statistik, die du nicht selbst gefälscht hast' und er wusste, wovon er sprach. Treppen sind ja billiger als jede Mucki-Bude und es wirkt, wie man ja deutlich sehen kann." Die Dame mit dem doppelten Kuchen und der Traumfigur pflichtet mir mit vollem Mund bei und erntet den Beifall der ganzen „Tuckentruppe".

Einen schalen Beigeschmack spüre ich trotzdem noch heute: Kann es denn nicht mehr möglich sein, einfach Gutes zu genießen, ohne dabei ein schlechtes Gewissen zu entwickeln?

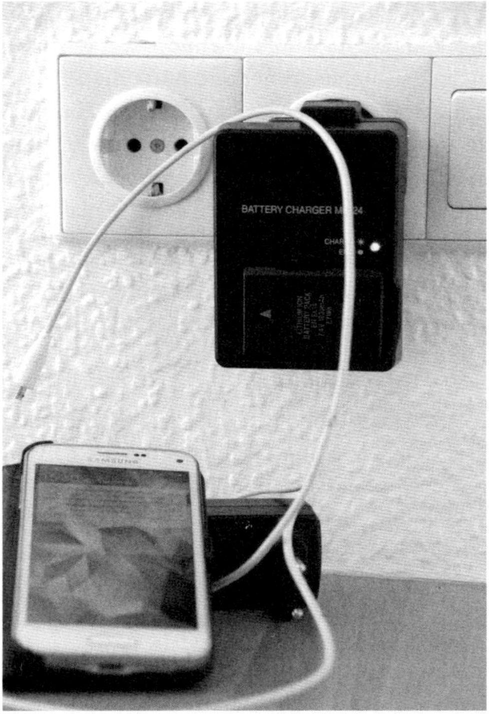

Erschöpfung … ade!

Mein Akku war leer, komplett leer. Von der Arbeit musste ich links den Weg nach Hause gehen – ich ging an diesem Tag aber rechts. Wie in Trance führte mein Weg zum Bahnhof. „Wo soll es denn hingehen?", fragte mich der freundliche Beamte. „Nach Lüttich", war meine trunkene Antwort. Mit der Tasche voller Arbeiten, die korrigiert werden mussten, stieg ich in den Zug. Zwei sehr korrekt gekleidete Amerikaner stiegen zu und verwickelten mich in ein sehr interessantes Gespräch über den damaligen Präsidentschaftsbewerber G.W. Bush jr. Ich erfuhr beunruhigende Details über diesen späteren amerikanischen Präsidenten, der aber mit seinem Kriegseinsatz im Irak diese noch übertreffen sollte. Dann kam die Durchsage: Liège/Lüttich.

Ich stieg aus und wie aus einem Rausch erwacht stand ich da, schaute auf meine Aktentasche, wurde nüchtern und griff nach dem Handy, wählte meine Festnetznummer und hörte die Stimme meiner aufgebrachten und besorgten, lieben Frau. „Wo um Himmels Willen bist du?!“„Ich bin in Belgien.“ Sie konnte es in diesem Augenblick wohl überhaupt nicht verstehen und da es schon Abend war, fragte sie noch, ob ich wenigstens den Kulturbeutel und einen Schlafanzug dabei hätte.

Ohne diese so wichtigen Utensilien versuchte ich, ein Hotel zu bekommen. Vergeblich! Das berühmte Radrennen „Lüttich – Bastogne – Lüttich“ fand an diesem Wochenende statt und beanspruchte jedes noch so kleine Zimmer. Die Rettung hatte ein Taxifahrer: „Oben auf dem Berg ist ein Restaurant mit Konzertsaal, wo heute das berühmte Karaoke-Festival stattfindet. Nur sehr gute Sängerinnen und Sänger sind zugelassen, um bis in den frühen Morgen Chansons von Edith Piaf, Charles Aznavour und Jacques Brel zu singen.“ Das aber sind meine absoluten Lieblingsinterpreten! Ich bedaure sehr, dass seit ungefähr dreißig Jahren die französische Musik kaum noch im Radio zu hören ist. Jetzt aber, an diesem Abend, genoss ich in vollen Zügen: In einem wunderschönen Ambiente vermischten sich atmosphärisches Licht, gutes Essen und großartiger Gesang zu einem für mich unvergesslichen Erlebnis.

Am Morgen nahm ich den Frühzug, in Münster die Dusche und dann das Bett bis zum Nachmittag. Am Abend war der Akku wieder prall gefüllt und jegliche Anzeichen von Erschöpfung wie weggeblasen.

Begegnung mit Helmut Schmidt

Mit zwei Kommilitonen war ich im Sommersemester 1970 auf dem Weg zum neuen Studienort nach München. Mein javagrüner Käfer mit den zwei geteilten Scheiben am Heck hatte Durst. Das gute Stück besaß noch Seilzugbremsen und einen nicht ganz dichten Dreiwegehahn. Doppelt Kuppeln mit Zwischengas war Pflicht. Die Tank- und Raststätte auf der Autobahn kam gerade zum richtigen Zeitpunkt. Der schwarze Benz mit Standarte stand direkt vor der Raststätte und war nicht zu übersehen. Ich traute meinen Augen kaum, als ich einen uniformierten Chauffeur sah, der die Süddeutsche Zeitung las. Das deutet aber auf ein hohes Tier hin, dachte ich mir. Ich hatte allerdings eher mit einer anderen Zeitung gerechnet.

Als ich die Raststätte betrat, sah ich ihn sofort. Ohne jeden Bodyguard oder Security (die RAF-Zeit bzw. Terrorismus gab es noch nicht) saß er da, der Verteidigungsminister und spätere Bundeskanzler der Bundesrepublik Deutschland. Er frühstückte und las dabei die BILD-Zeitung. Bis heute – leider ist der wohl beliebteste Bundeskanzler im letzten Jahr verstorben – bereue ich, dass ich ihm damals gesagt habe, wie verwundert ich gewesen sei über die Zeitungswahl von Fahrer und

Chef. Als Jugendlicher hatte ich keine Bundestagssitzung verpasst, in denen er sich gegen Franz Joseph Strauß den Namen „Schmidt-Schnauze“ in vielen legendären Debatten erarbeitet hatte. Auch jetzt machte er diesem Namen wieder alle Ehre: „Sind Sie wirklich so blöd oder täuschen Sie es nur vor?“, war seine klare Antwort. Er legte noch nach: „Es muss Ihnen doch klar sein, dass ich die Meinung der sogenannten „Kleinen Leute“ kennen will und es für unsere Gespräche auf den langen Fahrten gut ist, wenn der Chauffeur nicht nur auf der Straße den Durchblick hat.“ Damals gab es noch keine digitalen Kommunikationsmittel und so wurde der Fahrer auf den langen Touren zu einem wichtigen Gesprächspartner.

Von diesem Tag an habe ich es mir abgewöhnt, Menschen nach der Wahl ihrer Zeitung zu beurteilen. Die Lektion hatte gesessen!

Fußball. Halleluja!

Nach einem Urlaub in Italien wurde mir bewusst, dass der Gottesdienst dort in der wunderschönen alten Basilika in Grado mir auch deshalb so gefallen hat, weil das Beten dort weniger Bitten, sondern mehr Loben und Preisen ist, was man den Menschen auch ansehen kann. Kurz danach richtete ich mir meine erste E-Mail-Adresse ein und wählte konsequenterweise als Namen: „Halleluja!" Mein Neffe kennt die Adresse natürlich und da ich Theologe und Fan von „Preußen Münster" bin, kam er auf die Idee mir ein Einladungspaket zur internationalen Wanderausstellung „Fußball. Halleluja!" zu schenken, die gerade in Bremen gastierte. Mit großer Vorfreude packte ich meine Tasche und reiste in die Hansestadt. Die interaktive Ausstellung zeigte die Grenzen und Parallelen zur Religion beeindruckend, fast beklemmend und sehr authentisch auf.

Noch ganz im Bann der Bilder widmete ich mich dann der aktuellen Herausforderung für den örtlichen Verein: Werder Bremen. Jahrelang scheiterten die Grün-Weißen im DFB Pokal (vor einigen Jahren war in Münster bei Preußen Endstation für Werder). Jetzt aber schafften es die Bremer trotz Abstiegsnot in der Bundesliga bis ins Viertelfinale.

Am Abend wollten sie den Kampf gegen den übermächtig scheinenden Gegner aus Leverkusen antreten.

Ich suchte eine echte „Werder Kneipe“ auf und freute mich auf das Spiel. Als schon bald ein Tor für Leverkusen fiel, sackte die Stimmung in den Keller. Die dunkle Stimmung breitete sich wie eine Wolke aus. Ich konnte und wollte das nicht akzeptieren, stand einfach auf und verkündete großspurig: „Wer eins-null führt, der stets verliert!“ Der Bremer Fan neben mir wurde aus seiner Lethargie erweckt und versprach laut und deutlich: „Wenn das passiert, ist dein Deckel frei.“ Ich orderte darauf sofort ein großes Bier und konnte kurz danach meinen Augen kaum trauen: Elfmeter für Bremen, DRIN, 1:1! Das Spiel nahm immer mehr Fahrt auf und tatsächlich schaffte Werder die Sensation: Auswärtssieg gegen den Favoriten. Die Stimmung kochte und mein Biersponsor zahlte meinen Deckel gern.

Beim Abschied erzählte ich von dem Ausstellungsbesuch am Morgen, als ich ihm dabei meine programmatische E-Mail-Adresse nannte, wirkte sein Blick ungläubig und leicht verklärt, was in dem Moment nicht so sehr am guten Bremer Bier gelegen haben dürfte.

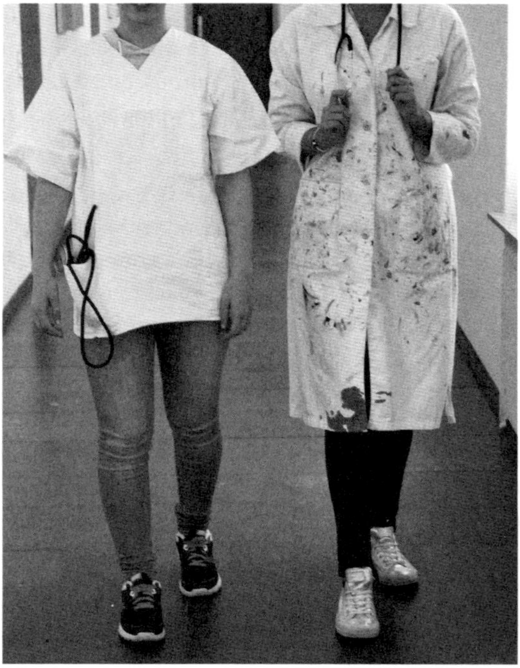

„Herrgott in Weiß“ auf Station 11

Schon am ersten Tag meines vierwöchigen Praktikums im Krankenhaus spürte ich die seltsame Mischung aus Angst und Beklemmung, die sich auf der Station breitgemacht hatte. Der sehr ehrgeizige Stationsarzt, der sich für einen Chefarztposten im Ruhrgebiet beworben hatte, scheute sich nicht im Ärger über auch nur kleinste Fehler gnadenlos zu strafen.

An diesem Morgen aber provozierte er bei mir einen heiligen Zorn. Vor allen Patienten, den Schwestern und Ärzten beschimpfte er die liebevolle und sehr pflichtbewusste Stationsschwester mit beleidigenden Worten, nahm die Krankenakte eines Patienten, zerriss diese und schrie: „Schwester Martha, jetzt wissen Sie, was Sie nach Feierabend zu tun haben!“ Ich musste in diesem Augenblick an das Magnifikat

Mariens denken, wo es heißt: *„Die Mächtigen wird er vom Thron stoßen und die Niedrigen erhöhen."* Das Praktikum war unbezahlt und ich hatte nicht viel zu verlieren. So bat ich den Stationsarzt zu einem Gespräch. Vor dieser etwas ungewöhnlichen Unterredung holte ich mir die Zustimmung von Schwester Martha ein.

„Schwester Martha wird die Akte nicht neu schreiben, stattdessen biete ich an, die Krankenakte zu kleben. Wenn das bei der nächsten Chefarztvisite auffallen sollte, wird das Ihre Bewerbung nicht fördern. Ich werde mir allerdings Mühe geben und Sie fahren inzwischen zur besten Konditorei Münsters, „Schucan"[5], und spendieren allen Mitarbeitern und Mitarbeiterinnen der Station Kuchen. Wenn Sie die Chefarztvisite überstehen sollten, gibt es dann noch einmal Kuchen, haben Sie mich bitte verstanden?" Doktor G. schluckte mehrmals, nickte dann und fuhr mit seinem edlen Benz zur Konditorei. Es ging gut mit der Chefarztvisite und bei der zweiten Kuchenspende konnte man nicht nur auf den Fluren der Station 11 eine freundlichere Stimmung spüren, sondern auch im Verhalten, ja sogar im Gesicht von Doktor G. hatte sich etwas verändert.

5 ehem. VIP-Café am Prinzipalmarkt

„Ich bin (*noch*) kein Buddhist"

Im Religionsunterricht arbeiteten die Schüler/innen gerade an ihren Präsentationen zum Thema „Buddhismus". Sie recherchierten in Büchern und im Internet das Leben und die Lehre von Siddhartha Gautama (Buddha). Nach einem Besuch in Köln hatte ich im Zug Zeit, mich auf den Unterricht vorzubereiten. Als ich in Münster ankam, erwartete mich strömender Regen. „Das Taxi ist jetzt kein Luxus mehr", dachte ich und stieg bei einem jungen und sehr freundlichen Fahrer ein. Meine Gedanken waren noch bei der Unterrichtsreihe zum Buddhismus und kamen fast zwangsläufig in dem angenehmen Gespräch vor, das sich alsbald entwickelte.

Urplötzlich stoppte Alexander – wir hatten uns bekannt gemacht – das Taxi und parkte direkt vor dem Gefängnis. „Das interessiert mich sehr, ich bin Mitglied der buddhistischen Gemeinde", sagte er und fragte, ob ich einverstanden sei, bei ausgestelltem Taxameter das Gespräch zu vertiefen. Er spielte mir bei meinen Unterrichtsplänen wunderbar in die Hände und schließlich einigten wir uns, dass er in der nächsten Woche mit meinen Schüler/innen nach ihren Präsentationen ein Gespräch führen sollte.

Über den angekündigten Besuch von Alexander freuten sich die Schüler/innen sehr und überlegten sich bereits vorher viele Fragen. Als er kam, setzte ich mich in die hinterste Reihe, um das Gespräch nicht zu dominieren. Nach vielen Fach- und Sachfragen zum Achtfältigen Pfad, Karma und Nirwana, wurden die Schüler/innen persönlicher. „Warum sind Sie Buddhist geworden?“, wollten sie jetzt wissen. „Ich bin doch gar nicht Buddhist“, antwortete er. Da wurde es sehr laut, die Klasse bezichtigte mich der Lüge und war sehr aufgebracht. „Herr Nientiedt hat aber doch gesagt, er hätte im Taxi einen Buddhisten kennengelernt!“ „Er wird da wohl etwas verwechselt haben“, sagte Alexander. Seine Stimme wurde jetzt sehr leise und fast demütig sagte er: „Ich bemühe mich nach den Lehren des Meisters zu leben, wage es aber noch nicht, mich schon Buddhist zu nennen.“ In der Klasse war es ganz still geworden und die 17jährige Laura aus Altenberge meldete sich: „Wir nennen uns alle Christen. Vielleicht sollten auch wir uns erst einmal bemühen, mehr so zu leben wie Jesus es uns vorgelebt hat!“

Laura schöpft wieder Mut

Ein Wetter wie wir es in Münster gut kennen. „Össelig“ sagen die Münsteraner auch dazu. Durch den Landregen hindurch sehe ich ein schönes, warmes, mit Heizstrahlern gesäumtes Plätzchen im Café am Marienplatz. Leider ist jeder Tisch besetzt. Eine junge Frau macht deutlich, dass ich mich an ihren Tisch setzen darf. Mein Kaffee kommt schnell und die „Süddeutsche“ reizt mich sehr, aber der Blick der jungen Frau, die, wie ich erst jetzt sehe, eine Schürze mit dem Logo des Cafés trägt, lässt mich nicht los.

„Sie scheinen Ihre Pause nicht wirklich zu genießen“, sage ich unvermittelt.

Da bricht es aus ihr heraus: „Jetzt bin ich schon im dritten Jahr der Ausbildung hier und man überträgt mir keine Verantwortung. Nur die Drecksarbeit darf ich machen. Ich bin zwar keine Eins in Mathe, aber mein Abi habe ich nachgemacht. Mir ist ja klar, dass ich ein paar Pfunde zu viel habe, aber gibt das der Chefin das Recht, mich vor den anderen zu mobben?“

In vielen Konfliktgesprächen die ich in der Schule geführt habe, ging es um die Veränderung der Umstände. Jetzt aber war klar, dass es hier anders war. Der Schlüssel für eine bessere Zukunft konnte nur in der jungen Frau selbst liegen.

„Wovon träumen Sie, was würde Ihnen wirklich Spaß machen täglich zu tun?", möchte ich wissen. „Mit alten Menschen im gastronomischen Bereich ruhig arbeiten, das könnte es sein", sagt sie leise. Spontan habe ich eine Idee. Abrupt frage ich: „Am Donnerstag ist Fronleichnam, haben Sie da frei?" „Ja, da habe ich frei." Offensichtlich fasst sie Vertrauen: „Ich heiße übrigens Laura."

„Nicht weit von Münster gibt es ein kleines Kurbad, Bad Rothenfelde, da wimmelt es von gastronomischen Einrichtungen im Seniorenbereich und es gibt bestimmt auch Personalbedarf", erzähle ich. „Fahren Sie doch einmal dahin und schauen sich um. Sie sollten trotz aller Probleme Ihre Ausbildung abschließen und dann dort arbeiten, wo Sie auch Freude und Anerkennung finden."

Laura aber hat mit ihrem Smartphone schon herausgefunden, dass der Westfalenbus am Donnerstag um 9 Uhr nach Bad Rothenfelde fährt und mit etwas mehr Sonne in ihrem Gesicht sagt sie: „Danke, dass Sie mir zugehört haben. Meine Pause ist vorbei, ich muss jetzt wieder arbeiten, aber am Donnerstag fahre ich dahin, und wenn ich etwas finde, mache ich das Piercing weg und lasse ein paar Pfunde purzeln… nur mein Tattoo, das möchte ich behalten."

Ihr seid zu Großem fähig!

Wenn die Kollegen/innen aus dem Unterricht der Hu (Handelsschule Unterstufe) kamen, wurde oft viel gestöhnt: „Die können sich überhaupt nicht konzentrieren“ war da noch harmlos. „Jeder zweite bräuchte eine Einzelbetreuung“ war schon deutlicher. „Wenn ich mit denen fertig bin, kann das Wochenende beginnen“ wurde auch schon mal gesagt. Jetzt sollte ich in der Klasse den Religionsunterricht übernehmen.

Worte der Bibel fielen mir ein: „Ich bin gekommen, um das geknickte Rohr aufzurichten“, sagt Jesus. „Was ihr den Geringsten tut, das tut ihr mir“, hatte ich im Matthäus-Evangelium gerade noch gelesen. So gestärkt kam ich in diese wirklich chaotische Klasse. Ich schrie nicht: „RUHE“, sondern setzte mich zu ihnen und wartete auf Ruhe. Schneller als gedacht, war es dann sogar extrem leise. „Viele denken und sagen es auch, dass ihr, die HU, unterste Sohle, ja Abschaum seid“, sage ich ihnen – nach meiner Begrüßung und Vorstellung – direkt und unverblümt.

„Glauben Sie das auch?“, fragen sie mich fast im Chor. „Nein, ganz und gar nicht glaube ich das, ihr seid sogar zu Großem fähig“, antworte ich der erstaunten Klasse. Jetzt waren sie neugierig geworden und ich lüftete das kleine Geheimnis. „Bald feiern wir das vierzigste Jahr unserer Partnerschaft mit „Bacabal“, einem Projekt der Solidarität mit einer Schule in Brasilien und ich habe einen Traum: Im Gottesdienst, zu dem auch der Weihbischof kommen wird, soll die beste Klasse der Schule die Situation der Straßenkinder in einem Tanz zum Ausdruck bringen. Ich möchte ehrlich sein und sage euch, dass ich zunächst an die Abiturklasse gedacht habe. Jetzt aber wird mir klar, dass ihr das viel besser könnt, da ihr ja an unserer Schule auch nicht zu den Privilegierten gehört.“

Hip Hop oder Rap wollten sie wissen. „Nein, klassischer Ausdruckstanz nach einer Choreografie von Pieter van der Sloot, einem weltbekannten ehemaligen Choreograf der Städtischen Bühnen, und einstudiert mit einem russischen Profitänzer“, war meine ernüchternde Antwort. „Wir machen das nur, wenn ihr alle und zwar mit ganzem Herzen mitmacht“, sagte ich ihnen und versprach, dass sie danach die bekannteste Klasse der Schule und die Lehrer stolz sein würden, bei ihnen zu unterrichten. Die Klasse hat kurz diskutiert und dann einen Schwur geleistet, dass sie das „DING“ durchziehen wollten, koste es, was es wolle! 32 Mal haben wir dann in der Aula geübt, es gab Rückschläge und hat viel, viel Schweiß und Geld (die Volksbank spendete 2000 Euro) gekostet. Der Weihbischof war zunächst erzürnt, dass der Tanz seine Predigt ersetzen sollte, aber dann kam die sensationelle Aufführung. Der Weihbischof war danach sprachlos und hat spontan 4000 Euro für das Projekt und den Jugendlichen Respekt und viel Lob gespendet. Die Handelsschulklasse aber war nicht mehr die von früher und jeder einzelne hatte für sich eine Erfahrung gemacht, die bis an das Lebensende halten wird.

Karl Rahner – nicht nur ein Mann des Wortes, sondern auch der Tat!

Vieles hatte ich morgens im größten Hörsaal der Universität in Münster nicht sofort verstanden, wenn der große Karl Rahner, von Gestalt eher klein, in langen Schachtelsätzen über schwierigste theologische Zusammenhänge in seiner Dogmatik-Vorlesung sprach. Obwohl weltberühmt, wohnte er doch bei uns im Wohnheim der Studentengemeinde. Man konnte beim Mittagessen oder am Abend mit ihm sprechen. Ich habe das des Öfteren getan und so zum Beispiel die Erbsündenlehre auch endlich verstanden. In Vorbereitung unserer „Biafra“ Aktion 1968, einer humanitär-politischen Arbeit in Folge des Hungerkonflikts in Nigeria zu dieser Zeit, arbeiteten wir noch um 3 Uhr in der Frühe, als Pater Rahner wach geworden war und uns in unserem „Revolutionskeller“ besuchte. Wir erwarteten eigentlich eine Ermahnung zur Ruhe, er aber wollte uns in zweifacher Weise unterstützen: Er versprach bei unserem Hungerprotest in Bonn eine Predigt zum 25. Kapitel des Matthäus-Evangeliums, der Gerichtsrede, zu halten, und dann knackten wir mit ihm einen riesigen Schokoladen-Nikolaus, den ihm Freunde aus München geschenkt hatten.

Eines Tages regten sich viele Studenten beim Mittagessen über die neue Verkehrsführung auf der Frauenstraße auf, da diese so viel Lärm verursachte, dass das Studieren sehr mühsam wurde. Der Professor hörte gut zu, nahm seinen Stuhl und fragte schon in der Tür stehend: „Wollt ihr mich etwa alleine lassen?" Jetzt nahmen wir alle unsere Stühle und folgten ihm. Pater Rahner saß bereits mitten auf der Frauenstraße und wartete auf uns. Als kurze Zeit später die Polizei kam, sagte er klipp und klar, dass wir die Straße erst räumen würden, wenn die Presse käme und unser Anliegen veröffentlicht würde. Die Polizei rief daraufhin die Westfälischen Nachrichten und die Münstersche Zeitung sofort an. Rahner erklärte ihnen in Ruhe unser Ziel und gemeinsam räumten wir schließlich wieder friedlich das Feld.

Die Bücher des großen Konzilstheologen sind in vielen Sprachen veröffentlicht worden und seine Theologie war damals und ist heute noch wegweisend. Sein unmittelbares Handeln und seine liebenswerte, zugewandte Art sind aber nur wenigen bekannt, weshalb ich mich auch nach so langer Zeit verpflichtet fühle diese Zeilen zu schreiben.

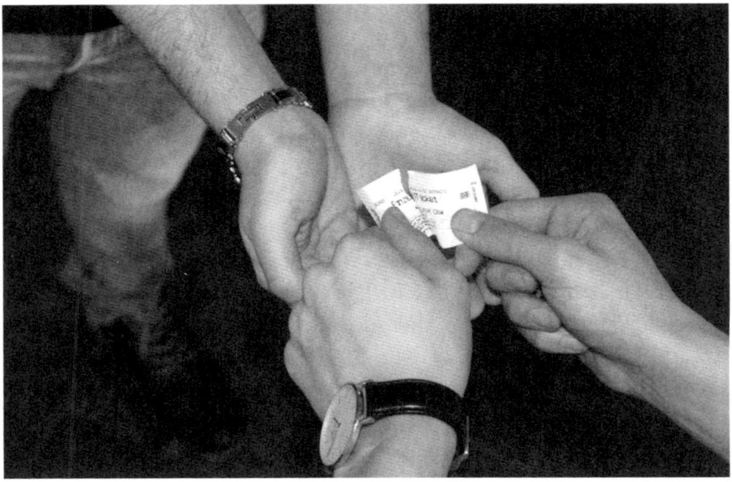

Kein Frieden zwischen Münster und Osnabrück

Ein guter Freund gab mir den Tipp: „Wenn du nach Osnabrück fahren möchtest, nehme nicht die Regionalbahn, die kostet 17 Euro hin und zurück und hält dabei sechsmal, sondern nimm den IC. Der fährt direkt in unsere Partnerstadt des „Westfälischen Friedens" und kostet nur 13 Euro!" Nach einem schönen Tag in Osnabrück, wo mir die Bilderausstellung im Dom und das Felix-Nussbaum-Museum besonders gefallen hatten, wollte ich also mit dem IC zurück nach Münster fahren.

Dann kam die böse Überraschung, es wurden 130 Minuten Verspätung angezeigt. Ich wollte mir die gute Laune nicht verderben lassen und stieg in den Regionalzug ein, der schon auf Gleis 1 wartete. Der etwas kleinwüchsige Schaffner, der auch noch die Getränke im Zug anbot, hatte einigen Stress und so fragte ich mitfühlend: „Hoffentlich werden Sie für diesen Doppeljob auch gut bezahlt?" So kamen wir in ein kurzes und gutes Gespräch und danach sah er schon ein wenig entspannter aus. Als er dann meine Fahrkarte sah, erklärte er mir, dass diese nicht für den Regionalverkehr gültig sei. Die Verspätung des IC hätte vorher im Bahnhof auf dem Ticket vermerkt werden müssen.

Ich sagte zu ihm: „Das ist plausibel und beim nächsten Mal weiß ich dann Bescheid." Ihm genügte das und wir wünschten uns wechselseitig noch einen schönen Tag.

Im Großraumwagen wurde es wenig später plötzlich sehr laut. Der kleine Schaffner stand vor einem Mann im „Businesslook", der mit Rechner und Smartphone beschäftigt war und das gleiche Malheur hatte, auf das ich zuvor mit freundlichen Worten aufmerksam gemacht worden war. Der Businessmann aber rastete völlig aus: „Ich habe ein Ticket für einen höherwertigen Zug" (er schaute dabei etwas verächtlich auf den viel kleineren Schaffner herunter) „und werde dann ja wohl diesen *Regional*zug benutzen dürfen!" Der Schaffner spürte wohl, dass dieser „wichtige" Mensch sich selbst vermutlich auch eher dem „höherwertigen" Zug zuordnete, wobei der Schaffner sich wohl mit dem Regionalzug identifizieren sollte. Das Verhalten des lauten Mannes ließ jeden Respekt vermissen und gekränkt, aber mit klaren und deutlichen Worten, hörte ich jetzt den Schaffner sagen: „Entweder Sie zahlen jetzt nach, oder verlassen in Kattenvenne[6] den Zug!" In diesem Augenblick schaute er zu mir herüber und kniff dabei deutlich ein Auge zu. Ich verstand die klare Botschaft, dass er nicht bereit war, seine Würde preiszugeben. Mit meinem Blick versuchte ich, ihn zu bestätigen und sah dann nur noch, wie der vielbeschäftigte Fahrgast zähneknirschend sein Portemonnaie zückte und nachzahlte. Er hatte nicht bemerkt, dass es dabei gar nicht um seine Fahrkarte ging.

---

6 Station auf dem Weg nach Osnabrück

Kevin – nicht länger allein

Meine Schülerinnen und Schüler brauchten unbedingt eine neue, ganz andere Erfahrung. Ich hoffte, dass der geplante Klostertag zu einem „Tag des gelebten Glaubens" würde und ihnen neue Orientierung geben könnte. Wir trafen uns in der Frühe vor dem noch dunklen Kapuzinerkloster in Münster. Ich hatte ein „Brainstorming" geplant, damit die Schüler/innen den Unterschied zwischen ihren (Vor-)Urteilen und der Wirklichkeit des Klosters deutlich erfahren könnten. Kevin, ein in jeder Hinsicht entwurzelter Schüler, hatte schon in der Schule angedeutet, dass er wohl nicht mitkommen würde. Sein Vater, ein Alkoholiker, war im Entzug und seine Mutter mit wirklich allem überfordert. Gerade wollte ich anfangen, da kam Kevin mit seinem klapprigen Fahrrad doch noch. Er dominierte das Brainstorming völlig und wiederholte mehrmals, dass er glaubte, fette und verklemmte Mönche, dunkle Gänge und eine verstaubte, „gestrige Truppe" vorzufinden.

Die Schüler/innen wurden schließlich von Bruder Martin freundlich begrüßt und in den Chorraum geführt, wo Bruder Jens uns mit einem wunderschönen Song aus Irland empfing, einem adventlichen Hymnus. Auf der Rückseite des Songtextes befanden sich die Namen der anderen Mönche, die danach jeweils mit einer kleinen Gruppe zu einer Führung durch das Kloster und danach auf ihre „Zellen" einluden, die eigentlich nicht öffentlichen, privaten Zimmer.

Dort wurden sehr persönliche Fragen beantwortet. Wir Lehrer bewirteten in der Pause die Schüler/innen und machten uns in der Küche nützlich, aber die inhaltliche Gestaltung war für uns tabu. Zum Abschluss kamen wir alle wieder im Chor zusammen, wo uns schon der, wie es vor allem die Schülerinnen betonten, „gutaussehende" Bruder Bernd erwartete. Er gab jedem ein kleines franziskanisches Holzkreuz, bedankte sich und bat die Schüler/innen ans Mikrofon, um Rückmeldungen einzuholen.

Viele taten das und auch Kevin ging zögerlich nach vorn: „Ihr wisst noch alle, was ich heute Morgen gesagt habe … aber gefunden habe ich das, wovon ich immer geträumt habe: Eine große und echte Familie, wo jeder, auch der Kranke und Andersdenkende, ja sogar die Verstorbenen ihren festen Platz haben."

Wo ist Ihre Oase?

Der Akku ist fast leer...ich brauche Tapetenwechsel... Fernweh packt mich...Sehnsucht nach Weite...Was machen Sie, wenn Sie die Enge, den Alltag, den Druck des Normalen nicht mehr gut ertragen können? Meine Oase für solche Fälle ist ein kleines Café in Flandern.

Es ist schon etwas älter, mit leichten Verfallserscheinungen – wie ich selbst. Am Fenstertisch habe ich einen freien Blick auf das Meer, auf die Wellen, die kleinen Fischerboote und die große Fähre, die die Kreidefelsen von Dover ansteuert. An der rechten, leicht vergilbten Wand, ist ein kleines Messingschild angebracht, worauf zu lesen ist: „Hier hat Rainer Maria Rilke Gedichte geschrieben." Beim Kofferpacken suche ich eines seiner wunderbaren Gedichte aus und spüre bereits Vorfreude; aber nun, mit dem endlosen Blick in die Weite hole ich es, einem Ritual gleich, aus der Tasche und beginne mit dem symbiotischen Genuss: Das Gedicht, die Umgebung, das Meer und die Ruhe lassen all die erdrückende Enge des Alltags wie eine Seifenblase zerplatzen. *Ich beginne mir selbst zu begegnen:* Die Zeit bleibt stehen und ich spüre, wie wohltuend diese Oase ihre heilende Wirkung in mir entfacht. Bisher war es ja ein geheimer, mein geheimer Ort...oder?

Mit der Veröffentlichung ist das jetzt wohl vorbei; aber ich habe Ihnen ja nicht gesagt, wo genau dieses Café sich befindet. Ich rate Ihnen von ganzem Herzen: Suchen Sie sich Ihre eigene Oase! Vielleicht müssen Sie ja gar nicht bis nach Belgien fahren, vielleicht ist Ihre Oase ja schon ganz nah?

Lärm und Stille

Zu Recht klagen wir heute über eine ganz besondere Art der Umweltverschmutzung: Den Lärm im Straßenverkehr, in den Betrieben, in den Kindergärten und eben auch in unseren Schulen. Die Lautstärke in den Klassen können sich auch Menschen, die nicht in der Schule tätig sind, gut vorstellen. Die Lehrkräfte, die viele Stunden Opfer dieses Lärms sind, klagen laut darüber, suchen sogar Therapeuten auf. Als im Lehrerzimmer die neue lärmschluckende Decke eingezogen wurde, war spätestens klar, dass sie nicht nur Opfer, sondern auch selbst Täter sind. Aber es geht auch ganz anders:

In der Aula hatten sich fast 350 Schüler/innen versammelt, um den Vortrag eines Franziskaners zu hören. Es ist kurz vor 13 Uhr und die Fahrschüler/innen unter ihnen sitzen schon auf „heißen Kohlen" und gepackten Taschen. Gleich mit dem Klingeln wird ein ohrenbetäubender Lärm einsetzen. Der Pater erklärt, dass er beschlossen hat seine letzten Lebensjahre bei Indianern im Amazonasgebiet zu verbringen, die vom Aussterben bedroht sind. Er selbst sieht aus wie einer von ihnen, hat eine Feder im Haar und bunte Schminke im Gesicht. Jetzt geht er zur großen Leinwand und nennt zärtlich alle Namen der dort abgebildeten Kinder. Einfühlend erzählt er von den Umständen, unter denen sie aufwachsen müssen. Bei einem Kind, Felipe, das beide Eltern verloren hat, wird er sehr persönlich. Er schließt mit einem Gebet für den Jungen.

Nun schellt es zum Schulschluss und gegen alle Normalität verlassen die Schüler/innen fast schweigend die Aula. Stille hat den normalen Lärm ersetzt. Auf der Treppe sagt eine Schülerin leise zu ihrer Freundin: *„So einen Menschen habe ich noch nie erlebt."*

Plötzlich sind wir dazu fähig, still zu sein. Nach einem versöhnlichen Gespräch gelingt es uns zumeist auch oder dann, wenn wir ergriffen sind in Situationen eines schweren Abschieds, des Staunens und natürlich der Liebe.

Bei meinem erfolgreichsten Tischgebet durfte ich das ebenfalls erfahren. Der Bräutigam bat mich es zu sprechen, die Sache war klar: Die vermögenden Eltern seiner Braut mochten ihn, der aus einfachen Verhältnissen stammte, nicht. Ich stammelte (was mir als erprobter Sprecher eigentlich fremd ist), dass wir alle heute nur dann feiern dürften, wenn jeder und jede nur das Glück des Brautpaares wolle und dass der allmächtige Gott uns dazu die Kraft schenken möge. Mit einem Mal kehrte Stille ein und bis auf die leisen Tischgeräusche hielt sie im „Hof zur Linde" auch an. Nach dem Essen verschwanden die Eltern des Brautpaares zu einem ausgiebigen Spaziergang in die Natur zum nahen Flüsschen Werse. Danach, beim Kaffee im gleichen Saal, war es endlich unerträglich oder eben jetzt vielmehr *sehr erträglich* laut.

Lärm, der entsteht, wenn viele Menschen sich lautstark freuen, ob bei einer Hochzeit oder im Stadion, ist eben einfach schön. Oder auch, wie die Griechen sagen, „Eustress".

„Noch einmal, noch einmal, noch einmal“

Wenn Kindern oder auch Liebenden etwas sehr gut gefällt, dann sagen sie mit Worten und Gesten: „Noch einmal, noch einmal, noch einmal.“ Ich durfte erfahren, dass dies auch für ganz andere Situationen gelten sollte. Fatima, eine junge Frau aus Steinfurt, wusste, dass ihr Vater depressiv und sehr krank war. An diesem Tag aber schien es ihm leidlich gut zu gehen. Der Schrecken und die Bestürzung waren umso größer und der Schmerz drang bis in den letzten Zipfel ihres Herzens, als sie ihn am Abend fand. Er hatte sich auf dem Dachboden erhängt. Noch Wochen später suchte sie verzweifelt um Hilfe. All die gut gemeinten Gesten und Zusprüche hatten ihr nicht geholfen. Als ich ihr begegnete, konnte ich in ihrem Gesicht lesen, dass sie untröstlich war. Nach einem längeren Gespräch, bei dem ich eigentlich nur zuhörte, sagte ich ihr, dass es in wirklich schlimmen Situationen nur noch eine Hilfe gäbe:

„Die Stützung in der Selbsthilfegruppe." Ich schlug ihr dann vor, zu einer Frau zu gehen, die ihr vielleicht wirklich helfen und sie auch stützen könne. Eine Frau, die den größten menschlichen Schmerz erlitten hatte, so dass sie *ihren* Schmerz verstehen könne im Gegensatz zu mir. Diese Frau musste nämlich mitansehen, wie ihr Sohn vor ihren eigenen Augen gedemütigt, erniedrigt, ja sogar gefoltert und dann nach stundenlangem Todeskampf auf ihren Schoß gelegt wurde. *Maria!*

Wir gingen zur Pieta, einer figürlichen Darstellung der Mutter Gottes mit dem Leichnam Jesu auf ihrem Schoß, die im Raum der Stille unserer Schule steht. Das „Grüne Sorgenbuch", das hier seinen festen Platz hat, beinhaltet Alltagssorgen aber auch existentielle Nöte der Schulgemeinschaft. Fast täglich finden sich neue Einträge, die das ganze Spektrum von Freud und Leid abbilden. Wenn die daneben stehende Kerze brennt, dann wissen alle, dass wieder einmal Maria um Hilfe gebeten wurde. So ist dieser Ort für alle Schüler/innen (egal ob gläubig oder nicht, welcher Religion auch immer) Lehrkräfte, Hausmeister, auch Raumpflegerinnen und Sekretärinnen zu einem „Heiligen Ort" geworden.

„Weine ruhig und sage ihr alles, was in dir ist, ich hole Papiertaschentücher und komme in 15 Minuten wieder", sagte ich ihr ruhig und zugewandt. Als ich in den Raum zurückkam, fragte sie: „Ihr habt da doch so ein Gebet ... können Sie das für mich beten? ... aber niemand darf erfahren, dass ich das gesagt habe." Ich betete das „Gegrüßet seist du Maria", wie ich es noch nie gebetet hatte und sie sagte: „Noch einmal, noch einmal, noch einmal." Wir vereinbarten, uns in einer Woche dort wieder zu treffen. Nach dem vierten Mal sagte sie: „Jetzt gehe ich alleine zu Maria...aber Sie dürfen es niemandem sagen."

Namensfindung im alten Westfalen

Lange Zeit war es in Westfalen so, dass der Namenstag wichtiger war als der Geburtstag. Mein Vater hat seine Geburtstage erst im hohen Alter unter Druck der Familie gefeiert. Als Kind wollte ich den Grund wissen. Seine Antwort war: „Jedes Schwein hat Geburtstag, jede Fliege und jeder Käfer auch. Aber Namenstag, den haben nur wir." Der Namenstag ist nämlich der Todestag des Heiligen, dessen Namen man trägt: Sein beendetes Leben ist ein Vorbild, mit seinem Tod ist er bei Gott. Umso erstaunlicher ist es, dass nach den tradierten Erzählungen meine eigene Namensfindung keine bitterernste theologische Veranstaltung war, sondern ein Beispiel dafür ist, dass Bodenständigkeit und Frömmigkeit eine Symbiose eingehen können:

Das dritte Kind im Hause Nientiedt hatte das Licht der Welt erblickt und noch keinen Namen. Mutter Nientiedt war außen vor und auch der Vater hatte keinen Einfluss. Großmutter Nientiedt führte das Regiment und bestellte drei Patres ins Haus. Die Namen sollen hier nicht genannt werden, um den guten Leumund der Minderbrüder nicht zu gefährden. Die drei schlugen den Namen des ersten Papstes vor. Peter sollte der Bub heißen. Oma Nientiedt war nach ausführlicher theologischer Begründung einverstanden und holte den guten Hölscherkorn aus der Kühlung (die Kornbrennerei Hölscher befand sich damals auf der Steinfurter Straße). Sie hatte aber nicht mit dem Durst der Brüder gerechnet, die jetzt ausführlich vortrugen, dass der Sohnemann Heinrich heißen müsse; es dauerte einige Zeit, bis Großmutter Nientiedt überzeugt war und die Flasche erneut kreisen ließ. Der Korn war wirklich sehr gut und die Brüder schlugen nun den Namen Norbert vor; jetzt blieb die Flasche aber sehr lange im Kühlschrank. Der heilige Norbert habe als Missionar des Ostens und als Bischof von Magdeburg unglaubliche Verdienste erworben, so dass der Junge unbedingt auch den Namen Norbert bekommen müsse. Lange wehrte sich die Frau, die es allein im Hause Nientiedt zu sagen hatte. Die drei Brüder steigerten sich aber so sehr in ihrer Argumentation, dass sie dann doch einknickte. Ein erneuter Versuch blieb jetzt aber erfolglos und so heißt er noch heute: Norbert Heinrich Peter Nientiedt.

Respekt einüben an der Supermarktkasse

Freitag um 18 Uhr im Supermarkt, die Schlange an der Kasse wird länger und länger. Noch acht Kunden sind vor mir. Jetzt geht plötzlich gar nichts mehr. Ganz vorne sucht eine ältere Dame nach Kleingeld in ihrem Portemonnaie. Die Reihe wird zunehmend unruhiger, als sie anfängt viele kleine Cent-Münzen zu sortieren. Die freundliche Kassiererin bleibt gelassen und bietet ihre Hilfe an, sie entleert die ganze Geldbörse und schaut die Frau dabei ruhig an.

Da rastet der junge Mann mit den zwei Cola-Dosen aus: „Haben Sie noch alle Sinne beisammen? Wir haben unsere Zeit auch nicht gestohlen! Warum zahlen Sie nicht einfach mit dem Zwanzig-Euroschein, den Sie doch im Portemonnaie haben? Sehen Sie etwa die riesige Schlange nicht?! Sie können doch auch noch einkaufen, wenn es leer ist! Sie haben doch wohl genug Zeit … !“ Aufgeregt steigert er sich immer mehr in seine Wut hinein und schreckt auch vor beleidigenden Worten nicht zurück. Hinter ihm baut sich jetzt ein großer und muskulöser Mann auf: „*Schöne Grüße* an ihre Eltern!“, gibt er sehr laut und deutlich zu verstehen. Der junge Mann fragt leicht verunsichert: „Woher kennen

Sie denn meine Eltern?" „Ich kenne sie nicht, aber es ist doch ganz klar, dass da einige Fehler in der Erziehung gemacht worden sind."

Im Supermarkt ist es plötzlich ganz still geworden. Die alte Frau hat längst bezahlt, nun ist der junge Mann an der Reihe. „Ein Euro und achtundvierzig Cent", sagt die Kassiererin. Der kleinlaut Gewordene holt seine Bankkarte hervor, und obwohl er damit bei mir und in der ganzen Reihe große Verwunderung auslöst, bleiben dumme Kommentare aus – gerade ist eine Lehrstunde in Sachen „Respekt, Freundlichkeit, Rücksichtnahme und gutes Benehmen an der Supermarktkasse" zu Ende gegangen.

Begegnung mit Dieter Hildebrand

Als Jugendlicher freute ich mich Woche um Woche auf die Ausstrahlung des Kabaretts „Münchner Lach- und Schießgesellschaft". Der Stern des großen Dieter Hildebrand war damals neben Ursula Noack, Hans-Jürgen Diedrich, Sammy Drechsel und Klaus Havenstein gerade aufgegangen und ich spürte schon damals seine besondere Qualität. Der Wunsch ihm einmal persönlich zu begegnen war geboren. Als Student der Theologie wechselte ich 1971 für zwei Semester nach München. Der Traum war immer noch da und von einem Insider bekam ich den entscheidenden Tipp: „Eine Stunde nach der Samstagsvorstellung in Schwabing, treffen sich die Kabarettisten mit ihren Frauen in einer kleinen Bar, die sich hinter dem Vorhang des Theaters befindet", hatte er mir verraten. Ich kaufte mir ein Ticket für den nächsten Samstag (wodurch mein Monatssalär stark belastet wurde) und wollte den alten Wunsch endlich Wirklichkeit werden lassen.

Zehn Minuten vor dem Ende der ausgezeichneten Vorstellung schloss ich mich auf der Toilette ein. Als es dann total ruhig wurde, machte ich mich auf die Suche und fand tatsächlich die kleine Bar hinter dem Vorhang, wo ich mich hoffnungsvoll an den Tresen setzte. Als die Zeit verrann, kamen erste Zweifel auf und ich konnte den Gedanken an eine Übernachtung nicht mehr verdrängen (Handys gab es noch nicht). Doch dann hörte ich erste Geräusche und Sammy Drechsel als Barkeeper schaute nicht schlecht, als er mich sah. Er hatte viel Verständnis für meinen Wunsch und spendierte mir ein Bier. Jetzt kamen auch all die anderen und eben auch Dieter Hildebrand. Ich erzählte ihm von meinem lang gehegten Wunsch nach einer Begegnung mit ihm und begann auch sofort mit einer detaillierten Rückmeldung zur Vorstellung des Abends. Er, der sonst immer gerne redete, hörte lange zu; dann bestellte er bei Sammy für mich ein Bier und sagte: „Wenn jemand aus dem schwarzen Münster so hartnäckig ist, um uns zu erleben (das Kabarett wurde damals in Münster als eher „links-außen“ eingeschätzt), dann muss das belohnt werden.“

Das anschließende Gespräch werde ich niemals vergessen.

Signale empfangen

Die Woche war hart, aber jetzt sitze ich endlich im Zug nach Bremen. Mit der „ZEIT" ausgestattet, suche ich mir einen schönen Platz im Bistrowagen und freue mich auf den Kaffee. Da kommt eine junge Japanerin mit einem großen Musikinstrument und fragt, ob sie den freien Platz neben mir einnehmen könne. Die blanke Angst springt ihr aus den weit aufgerissenen Augen – ich kann es nicht übersehen, obwohl die Zeitung und der Kaffee mich eigentlich jetzt mehr in den Bann ziehen.

Schließlich frage ich sie doch: „Was um Himmels Willen macht Ihnen eine solche Angst?" „Ich muss in Bremen vorspielen und wenn das schiefgeht, ja, dann waren zwei Jahre umsonst und ich muss die Ausbildung abbrechen." „Das wird nicht passieren", sage ich ihr (woher kommt diese Sicherheit?), „ich werde in Bremen in den Dom gehen und dort eine Kerze für Sie anzünden, dann setze ich mich auf den Platz vor dem Roland und warte darauf, dass Sie angerannt kommen, um mir zu sagen, dass es gut war."

Bis heute weiß ich nicht, was mir die Sicherheit gab ihr das so zu sagen. Vor dem Bremer Bahnhof gingen unsere Wege auseinander und später kam es dann tatsächlich vor dem Roland zu dem schönsten Kaffeetrinken (ohne Zeitung), das vorstellbar ist.

„Sie sind also auch gegen Ausländer"

Eigentlich wollte ich an diesem warmen Sommerabend nur ein kaltes Bier in der Eckkneipe trinken. Die Stimmung war gut, es gab interessante Gespräche an der Theke. Eine Frau, die sich als Frauenrechtlerin outete, geizte nicht mit ihren Überzeugungen. Ich selbst hatte am vorigen Abend in einer anspruchsvollen Wochenzeitung einen längeren Artikel über die Situation vieler muslimischer Frauen gelesen. Die Hintergründe für „Ehrenmorde", „Genitalbeschneidungen" und „Zwangsverheiratung" wurden dort historisch, theologisch und kulturell sehr differenziert analysiert. Ich lehnte mich zurück und stellte mir vor wie viele menschliche Tragödien hinter diesen Traditionen sich verbergen. Hautnah musste ich vor einiger Zeit miterleben, wie dramatisch eine junge Frau reagierte, als ihr bewusst wurde, dass ihr die Kinder- und Jugendzeit geraubt worden war:

Es begann mit einer Kinderfreundschaft. Diese halten oft sehr lange und sind vor allem auch dann sehr wichtig, wenn sie kulturübergreifend entstehen. Eine solche entwickelte sich vor vielen Jahren zwischen Aylin und meinem Sohn in der ersten Grundschulklasse.

Eines Tages war Aylin plötzlich nicht mehr da, was sich anfangs niemand erklären konnte. Als ich sie jetzt – nach ca. 18 Jahren – in dem Dönerimbiss an der Ecke zur alten Grundschule nur am Gesicht erkannte (sie hatte enorm zugenommen und war komplett in Schwarz gekleidet) und ansprach, ließ sie alles stehen und liegen und fragte mich mit einer sanften, aber sehr durchdringenden Stimme: „Wie geht es Matthias?" Noch bevor ich antworten konnte, kam ihr Vater und forderte sie auf, sofort wieder zu arbeiten. Ihre urgewaltige Antwort auf Türkisch war fast ein Schrei, in den sie wohl ihre ganze Enttäuschung über die verlorene Kindheit und die unglückliche Zwangsehe hineingelegt hatte. Ihr Vater ging wortlos rückwärts fast bis in den Kühlraum, auch er spürte wohl in diesem Augenblick, was in seiner Tochter vorging. Sie und ich sprachen dann noch in großer Ruhe über die „Alte Zeit" und niemand beschwerte sich, weil nicht bedient wurde.

Während der Artikel von gestern Abend und das Erlebnis im Dönerimbiss mich noch stark beschäftigten, steigerte sich in der Eckkneipe die Dame in ihren Ausführungen über die Erfolge der Frauenbewegung. Freundlich, aber auch ernst fragend, konfrontierte ich sie mit den Rechten der muslimischen Frauen und Mädchen. Die Antwort war sehr kurz und klar: „Sie sind also auch gegen Ausländer, dann kann ich mein Bier ja besser draußen trinken".

Während ich noch Zeit benötigte, um diese Antwort zu verdauen, legte sich von hinten eine Hand auf meine Schulter. Ich drehte mich um und ihr Besitzer sagte: „Endlich hat es mal jemand meiner Frau gesagt."

„Sohn, wir machen einen Termin“

„Wenn ich mich beeile, dann schaffe ich den Zug nach Düsseldorf noch“, dachte ich; doch dann komme ich an dem riesigen Plakat des Deutschen Kinderschutzbundes vorbei und lasse den Zug fahren. Der nächste geht erst in einer Stunde.

Jetzt habe ich Zeit das Plakat in Ruhe zu betrachten, besser, darüber zu meditieren: Ein überdimensionierter Mann im Businesslook hält einen Kalender in der Hand und schaut auf ein kleines Kind herab. Die Sprechblase über dem Kind: „Papa du hast versprochen mit mir zu spielen.“ Die Sprechblase des Vaters: „Sohn, wir machen einen Termin.“

Ich muss wohl eine ganze Weile da gesessen haben, als ein Bekannter vorbei kommt und mich anspricht. „Bitte schaue dir unbedingt das Plakat an“, fordere ich ihn auf, er eilt weiter und ruft noch: „Hab‘ keine Zeit!“ Ich setze mich auf die Bank und da schießt es mir durch den Kopf: Der Junge auf dem Plakat könnte ja Maximilian gewesen sein, mit dem ich vor einer Woche ein Beratungsgespräch hatte. Maximilian (17 Jahre) kam regelmäßig mittwochs um 13 Uhr zum Raum der Stille und hatte immer viel zu erzählen, danach sind wir meistens gemeinsam in die Schulkantine gegangen. Vor einer Woche aber beendete er das Gespräch so, dass ich es wohl nie vergessen werde: „Ach wissen Sie, ich habe ein eigenes Zimmer und auch sonst alles, was man so braucht, aber wenn ich meinen Vater anspreche sagt er mir, nicht unbedingt mit Worten: „Lass mich bitte in Ruhe, du störst mich, du raubst mir meine Zeit!‘“

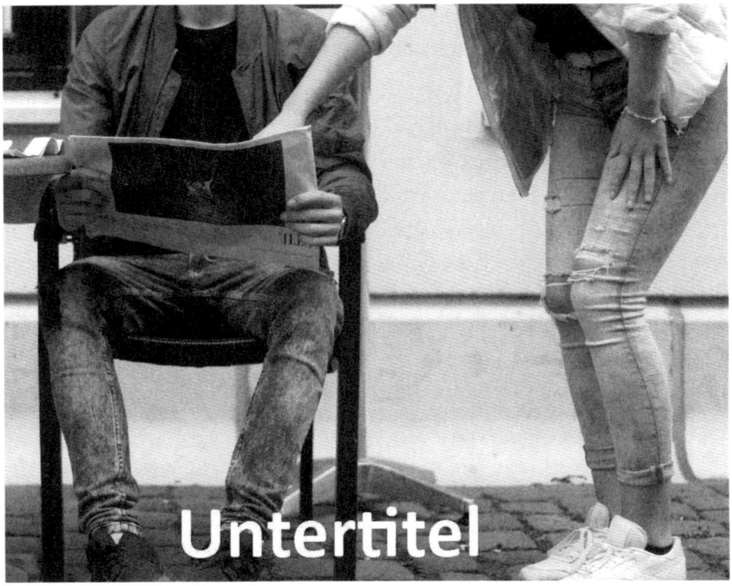

Sturm der Liebe oder: „Das Geheimnis der Reduktion“

Immer mehr Menschen sehen Kochsendungen im Fernsehen oder sind sogar erprobte Köche/innen. Sie wissen, dass ein Gericht, vor allem eine Sauce erst dann intensiven Geschmack erhält, wenn man reduziert: Man lässt die Flüssigkeit verdunsten – und obwohl man nun „weniger“ hat, gewinnt man ein mehr an Geschmackserlebnis. Exerzitien, Einkehrtage, Fastenzeit und auch der Advent basieren auf genau diesem Erfolgsprinzip. Auch wenn Sie die Erfahrung der Weite des Meeres machen wollen, leisten Sie sich lieber kein Fünf-Sterne-Hotel, sondern eine einfache Pension, wo nichts ablenkt. Das Meer allein genügt. Als ich in den Herbstferien in einer solch einfachen Pension an der belgischen Atlantikküste abends den Fernseher einschaltete, war die Reduktion perfekt. Wo wir es in Deutschland doch gewohnt sind und genießen können, dass alle Filme synchronisiert werden, gab es hier nur Filme mit Untertiteln. Das war schon mühsam und den Wert dieser Reduktion konnte ich zunächst nicht erkennen.

Am nächsten Morgen las ich meine deutsche Zeitung in einem schönen Café an der Strandpromenade. Am Nachbartisch saß eine junge Frau, die mich erkennbar musterte. Schließlich fragte sie mich in etwas gebrochenem Deutsch, ob sie meine deutsche Zeitung haben könne, wenn ich sie ausgelesen hätte. Im weiteren Verlauf eines wunderbaren Gesprächs fragte ich sie dann, wo sie so gut Deutsch gelernt habe. Immer wieder erstaunt mich, wie viele unterschiedliche Sprachen die Menschen in Flandern im Gegensatz zu uns beherrschen. Etwas verlegen und leicht errötend sagte sie sehr leise, dass sie täglich „Sturm der Liebe“[7] schaue und mit den Untertiteln angefangen habe, Deutsch zu lernen.

---

7 dt. Telenovela

Taschendiebe im Zug!

21.05 Uhr, ich steige in die Regionalbahn von Düsseldorf nach Münster ein. Alle, die ich sehen kann, sind entweder verkabelt oder mit ihrem Laptop, Smartphone, Tablet oder ähnlichem beschäftigt. Nein, da sitzen zwei junge Männer ohne jede technische Beschäftigung; sie schauen etwas irritiert und nervös vor sich hin. Sie interessieren mich und als ich direkt auf sie zusteuere, springen sie auf und eilen fluchtartig in den nächsten Wagen. „Essen Hauptbahnhof", höre ich beim nächsten Halt, als ein junges Pärchen zusteigt. Die junge Frau sieht sehr müde aus und sagt deutlich: „Du, ich möchte gerne meine Beine ausstrecken." In der Sitzgruppe für vier Personen, wo das gut möglich wäre, sitzt aber eine ältere Frau mit Kopfhörern, die den Seufzer wohl nicht hört. Das Pärchen setzt sich missmutig in die enge Zweierreihe und die junge Frau grummelt vor sich hin.

Plötzlich erschallt die sehr laute Durchsage: „Ich muss Sie nicht nur bitten, auf ihre persönlichen Gegenstände zu achten, sondern ganz besonders, Wertgegenstände und Geld fest an sich zu halten, *es sind nämlich definitiv Taschendiebe im Zug.*" Das hat jetzt auch die verkabelte Frau in der begehrten Sitzgruppe gehört. Als sie kurz danach zur

Toilette gehen möchte, bittet sie die junge Frau mit den müden Beinen: „Können Sie bitte auf meine Sachen achtgeben? Vielleicht nehmen Sie doch einfach hier Platz." Nur zu gerne nimmt das Pärchen das Angebot an. Ich traue meinen Augen kaum, aber alle haben sich nach der Durchsage von jeglicher Technik befreit. Meinungen werden nun ausgetauscht. „Bei einer Million Flüchtlingen ist das doch auch kein Wunder", höre ich jemanden skandieren. Er bekommt eine deutliche Rückmeldung von der jungen Kunststudentin: „Das ist Diskriminierung!" Da kommt der Schaffner und er wird sofort bombardiert: „Dürfen Sie so etwas überhaupt sagen?", wird er gefragt, „Das war aber mutig von Ihnen", meint dagegen die ältere Frau. Der Schaffner selbst sagt kleinlaut: „Nein, das durfte ich nicht, aber ich kannte die zwei vom Flughafen." Klar, und mit großer Zufriedenheit für mich, ist jedenfalls, dass die Diebe den Zug schnell verlassen haben und dass es endlich mal wieder interessante und ambitionierte Gespräche unter den Fahrgästen gab. Ich würde mir wünschen, dass es dazu nicht erst Diebe braucht!

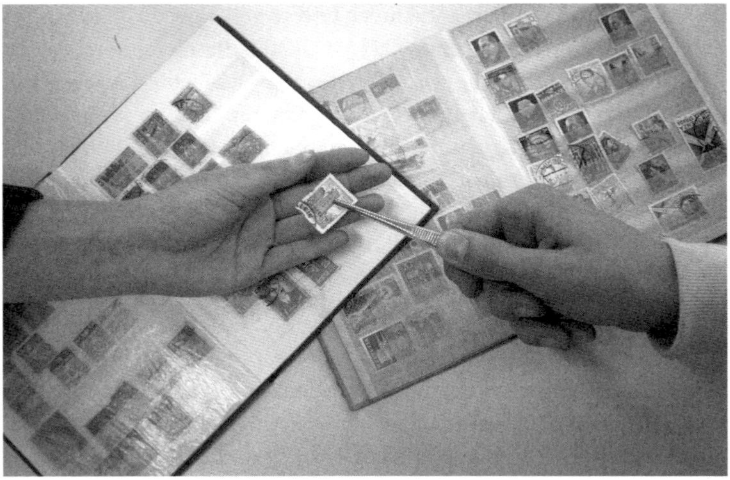

Warum Sammeln doch Sinn macht

Als Kind habe ich leidenschaftlich Briefmarken gesammelt, am Ende hatte ich neun Alben. Finanzielle Engpässe im Studium brachten mich dazu, den Wert der Sammlung schätzen zu lassen. Der erhoffte Katalogwert reduzierte sich auf fast ein Zehntel, als ich die Marken verkaufen wollte. Meine Enttäuschung war riesengroß und ich begann das Sammeln in jeglicher Form zu hassen. Theologische Begründungen wie „wer sammelt, zeigt, dass er nicht loslassen kann" kamen hinzu und das Thema schien für mich erledigt zu sein. Bis ich Alfons traf.

In einem kleinen Bistro in der Scharnhorststraße saß er vor einer Unzahl von Champagnerkorken, er löste die wunderschönen, bunt bemalten, metallenen Korkenoberteile und ordnete sie in Holzkästen. Natürlich hatte er mein Interesse bemerkt und begann ausführlich von seinem Hobby zu schwärmen. Sein ältestes Stück stamme von einer Champagnerflasche aus dem Jahre 1915, erklärte er stolz. Im anschließenden, ganz und gar nicht mehr trockenen Gespräch – wir leerten dabei eine etwas weniger wertvolle Flasche Champagner – erzählte ich ihm von meinen Sammlererfahrungen und dass das Thema bei mir durch sei.

Alfons schaute mich ganz erstaunt an und sagte: „Hast du den Sinn des Sammelns wirklich nicht entdeckt? Wir hätten diesen schönen Abend niemals erlebt und meine wunderbaren Stunden beim Tauschen mit Theo, Bernhard, Iris, Klaus und all den anderen hätte es nie gegeben. Meine lieben Tauschfreunde in Frankreich, Jean und Charles, Marie, Gilbert und Edith, auf die ich mich jetzt schon wieder freue und mit denen ich immer wieder herrliche Stunden bei unseren jährlichen Treffen in Reims erlebe, hätte ich nie kennengelernt. Mein Leben wäre ohne dieses Medium bedeutend ärmer."

Alfons hatte mich nachdenklich gemacht und ich war bereit, mein abgeschlossenes Urteil über den Wert des Sammelns noch einmal zu überprüfen. Er merkte das und fügte hinzu: „Entscheidend ist nur, dass Menschen sich begegnen, ob beim Sammeln, beim Sport oder etwas anderem. Das Medium dafür ist nicht so wichtig."

Wenn dein Kind dich fragt...

In der Münsteraner „Nordschänke“ komme ich nach dem Fußballspiel mit einem jungen Mann ins Gespräch, der mich völlig verblüffte, als er von seinen zwei Kindern spricht, das dritte sei unterwegs. Zur Kirche habe er kein Verhältnis, da seine sehr kirchlich fixierten Eltern ein, wie er sagte „abschreckendes Beispiel“ gewesen seien. Jetzt aber kommt es immer öfter vor, dass die Kinder Fragen stellen würden, die fast immer mit WARUM begännen und zum Beispiel beim Tod des Opas in den religiösen Bereich führen würden. „Ich will meine Kinder nicht belügen mit Antworten, an die ich selbst nicht glaube, aber ich kann sie doch auch nicht mit den Fragen alleine lassen“, sagte er und war sichtlich unzufrieden mit sich selbst. Mir fiel in diesem Augenblick ein Text ein, der aus Finnland stammen soll, dessen Quelle jedoch unbekannt ist:

Wenn dein Kind dich fragt

nach dem Leben, Streben, Glauben und Sterben,

so höre ihm zu.

Gib ihm deine Zeit,
unterhalte dich mit ihm
über seine Fragen
auch wenn du keine Antwort weißt.

Erzähle ihm,
was du selber denkst,
und antworte ihm
nach deiner Überzeugung.

Wenn dein Kind dich fragt
musst du die Antwort nicht wissen,
nur im Gespräch bleiben.

Wenn dein Kind dich fragt,
stellt es oft auch deine Fragen,
sag ihm das.

Wage, mit deinem Kind
dich zu fragen, zu suchen,
zu wundern, zu leben.

Der junge Vater hatte genau zugehört und als ich von der Toilette kam, hatte er für mich ein frisches Bier bestellt. Das weitere Gespräch hatte eine sehr angenehme Tiefe, wir beschlossen, die Begegnung zu wiederholen ,wenn wieder das Spiel seines Lieblingsvereins (Borussia Mönchengladbach) in der „Nordschänke" übertragen wird.

Der Vorteil einer Ansichtskarte vom „Schönen Schloss in Münster“

Mein liebenswerter, etwas „schusseliger“ Freund Oskar wohnt wie ich in Münster. Er lebt als Single in seinem kleinen Appartement, das er so leidlich in Ordnung hält. In der letzten Zeit wird er kaum noch eingeladen und wenn er doch auf einem Geburtstag ist, kommt es nicht mehr zu längeren Gesprächen. Der Grund ist ganz einfach: Oskar hat grausamen Mundgeruch, merkt es aber selber scheinbar nicht und es sagt ihm auch niemand. Er ist ein netter „Seegers“ (Kerl), wie man in Münster sagt, und hat das Problem vieler Alleinlebender, wenig korrigiert zu werden. Ich möchte die Freundschaft zu ihm auch nicht verlieren, spüre aber, dass es genau ein Beweis unserer Freundschaft wäre, ihm das zu sagen, was sich sonst niemand traut. In einem Traum kommt mir zwischen zwei und drei Uhr des Nachts die Erleuchtung.

Am nächsten Tag kaufe ich eine Ansichtskarte vom „Schönen Schloss in Münster“. Ich schreibe: „Lieber Oskar, ich finde das Schloss in Münster ganz toll. Es sieht gut aus, man kann dort, so wie Du, für die Universität arbeiten, aber auch riesig feiern und es ist ein Aushängeschild unserer Stadt. Eigentlich ist es mit dem Schloss so wie mit dir, lieber Oskar. Wenn nur nicht die kaputten Fenster wären. Alle wissen es und leiden darunter, aber es passiert nichts. Einmal heißt es, es gäbe kein Geld, dann scheint der Wille zu fehlen endlich das Problem anzupacken. Lieber Oskar, am Geld liegt es doch bei dir nicht. Dass es mit den Fenstern (wie mit deinem Mund und dem ätzenden Mundgeruch) so nicht weitergeht, ist uns allen klar. Ich möchte, dass niemand das Schloss meidet, nur weil die Fenster nicht in Ordnung sind und deshalb muss etwas geschehen. Gestern hörte ich, dass die Firma Schmidt und Söhne den Auftrag zur Sanierung bekommen hat. Dir möchte ich Dr. Müller an der Antonius-Kirche empfehlen; er ist ein absoluter Spezialist für Mundhygiene und kann notfalls mit einer kleinen OP das Problem schnell vergessen machen. Ich hoffe, bald von dir zu hören. Oder du schickst mir einfach eine Ansichtskarte vom frisch renovierten schönen Schloss in Münster"?

Ein halbes Jahr lang hörte ich nichts von ihm und ich fürchtete um die Freundschaft. Bis er dann eines Tages mit einer Flasche Wein vor meiner Tür stand. Er strahlte, erzählte mir von seiner medizinischen Behandlung und bedankte sich schließlich für meinen Freundschaftsdienst.

Zäune im Kopf

Schlüsselerfahrungen können ein ganzes Leben verändern oder ihm eine neue Richtung geben. Wenn ich mich heute frage, warum ich eine Sehnsucht nach Weite habe, warum ich seit langem lieber ans Meer als in die Berge fahre und mich auf kleinen Inseln nicht wohl fühle, warum ich Probleme mit Sekten habe und kleinkarierte Rechthaberei regelrecht hasse, dann, ja dann fällt mir mein Schlüsselerlebnis aus dem August 1971 ein.

Ich stehe in München Schwabing vor dem „Haus der 111 Biere", als ein Mann in einer Uniform, ein kanadischer Flugkapitän, mich ernsthaft fragt: „Can you show me the next way to St. Pauli?" Etwas erstaunt erkläre ich ihm, dass das wohl ca. 800 Kilometer nördlich zu finden sei. Er lädt mich zu einem Bier ein und meint, dass er auf jeden Fall noch heute dort sein werde. Er habe drei Tage frei, habe gehört, dass man sich dort bestens amüsieren könne und außerdem noch 3000 Kilometer freie Flüge zur Verfügung. Bevor ich ihm ein Taxi zum Flughafen bestelle, frage ich ihn noch eher beiläufig, welchen Eindruck er von Deutschland und den Deutschen gewonnen habe. „You want the truth or a compliment?", war seine Antwort. Meine war natürlich klar und er bekam einen sehr entspannten Gesichtsausdruck, als er mir erklärte: „Wenn ich über die weiten Seen und Landschaften meines Landes fliege und dann über euer Land, dann sehe ich ein Schachbrettmuster und unendlich viele kleine eingezäunte Bereiche ... sorry, sieht es in euren Köpfen genauso aus?"

Die Hartnäckigkeit eines Westfalen

„Westfalen sind stur. Man muss mit ihnen zuerst einen Sack Salz essen, um Freund zu werden. Dann aber hält diese Freundschaft ein ganzes Leben." Solche und ähnliche Aussagen werden immer wieder zitiert wenn es darum geht Westfalen zu charakterisieren. Die nachfolgende wahre Begebenheit fügt aber noch zwei andere Eigenschaften hinzu: unbedingte Hartnäckigkeit, gepaart mit einer tiefen Verwurzelung im Glauben. Diese Eigenschaften verkörperte mein Vater wie kaum ein anderer: Sein tiefster Grundsatz war: „Was man verspricht, muss man halten" und „man darf sich nie über den Tisch ziehen lassen!". So war er fromm, aber nicht frömmelnd, mit einem großen Herz für Bedürftige; zugleich in Geschäften ein harter Verhandlungspartner und in der Freizeit ein begeisterter Skatspieler.

Hartnäckig verfolgte er sein Ziel: Die Skatweltmeisterschaft in Australien. Endlich hatte er nach drei Ausscheidungsturnieren sein Ticket dorthin gewonnen. Die Freude war riesengroß. Als Urmünsteraner plante er jetzt stolz seine Reise in die große weite Welt. Seine Frau, ohne die er ziemlich hilflos war, wurde aber plötzlich krank, er sprach zudem kein Wort Englisch und die Firma brauchte ihn. Die Frau bekam die Krankheit schließlich in den Griff, konnte aber die lange Reise nicht riskieren. Sie gab ihm dennoch grünes Licht, es alleine zu wagen. Die Familie verlangte allerdings, dass er sofort einen Brief schreiben solle, wenn er angekommen sei.

Der Flieger hob ab, aber der Brief kam und kam nicht. Sorge machte sich breit und die Erleichterung war groß, als nach zwölf Tagen doch einer eintraf. Er hatte zwölf Seiten und die Familienmitglieder dachten an eine ausführliche Reisebeschreibung. Sie sollten sich gewaltig irren. Bis auf die protokollierten Daten von Abflug, Ankunft etc. ging es in dem gesamten Brief nur um eine Sache:

„Als ich in meinem Hotel erwachte, sah ich an der Wand den Kalender: 01. November! Allerheiligen, dachte ich sofort und wollte dieses schöne Fest in einer katholischen Kirche feiern." Die nächsten Seiten beschreiben ausführlich, mit welchen Schwierigkeiten er zu kämpfen hatte, diesen Wunsch zu realisieren. Stunden dauerte es, bis der Hotelmanager ihn schließlich verstanden und ein Taxi beauftragt hatte, den Skatbruder quer durch Sydney zu einer der wenigen katholischen Kirchen zu befördern. Diese war geschlossen und nun erläutert er seine folgenden Mühen den Pfarrer ausfindig zu machen, der ihm schließlich erklärte, dass das Hochamt in zwei Stunden beginnen solle. Die detaillierte Schilderung der Architektur der Kirche, der Liturgie des Festhochamtes nahm nun weitere vier Seiten des Briefes in Anspruch. Stolz schrieb er, dass er das Credo auf Latein mitsingen konnte und es eine ganz wunderbare Feier gewesen war. Da er wohl glaubte, der Familie jetzt genug über seine Reise mitgeteilt zu haben, endet der Brief auch logischerweise an dieser Stelle.

Die letzte Zeile enthält dann doch noch etwas Information:

„Australien ist ein schönes Land, Sydney eine schöne Stadt.....

Euer Weltenbummler

Tönne"

Zufälle, gibt`s die?

Zwischen 1970 und 1990 bin ich regelmäßig im Juli zum Deutschen Derby nach Hamburg-Horn gefahren. Es war ein Fixpunkt in meiner Jahresplanung und die Vorfreude war so groß wie die auf Weihnachten. 1971 traf ich dort einen netten Menschen, der auch aus meiner Heimatstadt Münster kam und regelmäßig das Derby besuchte.

Rituale – ein gutes Essen in einem bestimmten Lokal, das gemeinsame Ausknobeln von Wetten, die Freude über Gewinne und das Trösten, wenn es danebenging – entwickelten sich, an die wir uns sehr schnell gewöhnten und die die Freude noch steigerten. Eines Abends behauptete ich, dass es auch in Münster eine Galopprennbahn gegeben habe, die ein ähnliches Flair hatte wie die Bahn in Hamburg. Ein inzwischen lange verstorbener „Urmünsteraner" hatte mir davon erzählt. Mein Bekannter wollte und konnte es nicht glauben und alle Münsteraner, die ich daraufhin angesprochen hatte, ebenfalls nicht. Eine kurz danach festgestellte Pferdehaarallergie beendete leider abrupt die schöne Tradition. Heute, 25 Jahre später, lese ich in der örtlichen Tageszeitung, dass es in Münster einen Sammler von historischen Ansichtskarten gebe. Einige der Karten waren auch abgedruckt.

Plötzlich sehe ich unter den Bildern eine Ansichtskarte von der wunderbaren Galopprennbahn aus Münster. Das Bild der Bahn ähnelt stark der der Hamburger. Wie elektrisiert nehme ich die Schere, setzte mich auf die Leeze und brause zum Copy-Shop. In meiner Freude lasse ich die neue „Historische" Ansichtskarte noch laminieren und will dann heimfahren. Auf dem Prinzipalmarkt, der „guten Stube" Münsters will ich meinen Augen nicht trauen. Das kann doch kein Zufall sein, ist er es wirklich? Da geht mein Bekannter, den ich 25 Jahre nicht mehr gesehen habe, rein zufällig. Oder doch nicht? Wir freuen uns über das Wiedersehen wie die kleinen Kinder, dann hole ich die laminierte Ansichtskarte heraus und frage ihn: „Kannst du dich noch an unseren Streit erinnern, ob es in Münster eine Galopprennbahn gegeben hat?" Er blickt ungläubig auf die Karte und gibt zu: „Zufälle gibt`s nicht."

Georg hat Mut

Als ehemaliger Religionslehrer und Schulseelsorger erinnere ich mich gerne an gute Lehrer, die mich geprägt haben und Vorbild waren. An einen, den ich bewundert habe, erinnere ich mich besonders gern. Spannend und nachhaltig war jede seiner Stunden. Eines Tages wagte ich ihn nach seinem Geheimnis zu fragen. „Ich versuche immer, dass ihr mindestens einmal in jeder Stunde die Freude der Erkenntnis habt, das kann ich dann in euren Gesichtern sehen, außerdem müsst ihr nichts aufschreiben, denn was man erkannt hat, das behält man für immer!"

Ich will aber nicht verschweigen, dass ich auch eine ganz andere Religionslehrerin hatte, die so ziemlich genau das Gegenteil war. Noch heute bedauere ich, dass ich damals (mit 15 Jahren) nicht den Mut hatte, den mein Freund Georg zeigte.

Der Unterricht bestand vornehmlich darin, Katechismusformeln und Lieder aus dem Gesangbuch auswendig zu lernen. Dann aber kam der Höhepunkt dieses zutiefst unchristlichen und heuchlerischen Unterrichts. Frau Schmid präsentierte uns eine „Essobüchse", eine Werbespardose, und verkündete, dass wir demnächst ein Negerkind kaufen würden[8]. Jeder solle zur nächsten Stunde einen großen Teil seines Taschengeldes mitbringen und in die „Essobüchse" werfen. Zu Beginn der nächsten Stunde setzte Frau Schmid sich an das Lehrerpult und holte ostentativ eine Zeitung hervor. Sie zitierte den Bibelvers „die rechte Hand soll nicht wissen, was die linke tut", dann gab sie die Büchse in die erste Reihe. Jeder von uns konnte sehen, dass sie uns durch ein kleines Loch – dem Bibelzitat genau widersprechend – beobachtete.

Widerwillig aber doch gehorsam gaben wir unseren Obolus in die Spardose. Dann kam die Büchse zu meinem Freund Georg. Er schaute ganz deutlich auf das Loch in der Zeitung und gab extrem langsam einzelne Pfennige in die Dose. Frau Schmid wurde rot vor Zorn, was die Zeitung zunächst noch verdeckte, dann aber sprang sie auf und rannte zu Georg. Völlig aufgeregt schrie sie ihn an: „Wenn du dir gleich ein Eis kaufst, soll es dir im Halse stecken bleiben!"

Die ganze Klasse aber blickte stolz auf Georg, dessen Mut wir alle bewunderten.

8 Sie meinte wohl eine Adoption.

Morgen gehen wir „Züge gucken"

Den ganzen Tag hatte ich daran gedacht, *ja,* ich hatte es versprochen, mit meinem Sohn (fünf Jahre) zu spielen, wirklich viel Zeit für ihn zu haben, und dann kam dies und das dazwischen. Natürlich hätte ich irgendwie begründen können, dass das alles sehr wichtig war. Tatsache aber war, ich hatte versagt, nicht gehalten, was ich versprochen hatte. Und das war so ziemlich die wichtigste Regel, die wir gemeinsam festgelegt hatten.

Schweren Herzens kletterte ich in das Hochbett hinauf und schaute in das Gesicht meines enttäuschten Sohnes. Mit für mich völlig ungewöhnlich stotternden Worten bat ich ihn um Vergebung. Er merkte, dass es schwer für mich war und sagte sofort: „Ist schon gut Papa." „*Nein,* es ist überhaupt nicht gut. Du hast einen dicken Wunsch frei, schlaf gut und sag mir morgen, was du dir wünschst." Am nächsten Morgen musste ich gar nicht fragen: „Drei kleine und drei große Züge gucken!", so schallte es mir noch vor dem Frühstück entgegen.

Wir gingen zum Bahnhof. Gerne war ich großzügig und ließ dort fünf Züge der Modelleisenbahn fahren, die sich in einem Schaufenster neben dem Reisezentrum befand. In der Zeit kaufte ich mir eine Zeitung und fing auch sofort damit an, den interessanten Kommentar auf der zweiten Seite zu lesen. Später gingen wir auf den Bahnsteig, um dort „drei große Züge“ zu „gucken“. Ich zählte die vereinbarten Züge nicht, der Kommentar, den ich zu lesen begonnen hatte, war wirklich sehr lang. Als ich ausgelesen hatte, fragte ich: „Sind die drei Züge alle gekommen?“ „Jaaa Papa!“ Die Art wie er es sagte, zeigte mir, dass er wohl entschieden mehr Züge genossen hatte und offensichtlich sehr zufrieden war. Wir gingen die Treppe vom Gleis zum Bahnhofstunnel herunter und plötzlich blieb er auf der halben Treppe stehen, drehte sich um und schaute mit großen Augen zu mir herauf. „Papa, wer geht mit mir Züge gucken, wenn du tot bist?“ Als Theologe war ich zunächst in der Gefahr, auf der religiösen Ebene eine Antwort zu geben. Wenn es (wie in diesem Fall eindeutig) für Kinder besonders schön ist, spüren sie die Sehnsucht nach dem „Schönen und Guten“, das niemals enden soll. Ich bin froh, damals geschwiegen zu haben. Als wir aus dem Bahnhof kamen, gab es längst andere Dinge, die ihn beschäftigten.

In den vielen Jahren seitdem durfte ich mit großer Freude erfahren, dass es ihm zwar auch schwerfiel, zuzugeben, wenn er einmal versagt hatte, aber das Wort: „Ich möchte um Verzeihung bitten“ kam trotzdem immer irgendwie über seine Lippen.

Psychologen haben bestätigt, dass für fast 40% der Trennungen heute das nicht mehr funktionierende wechselseitige Eingestehen von Schuld, sowie das entsprechende Vergeben, verantwortlich sind.

Sie kann „Knuffel“ wieder riechen

Es war ein wirklich harmonisches, sich liebendes Paar. Auch noch nach so vielen Jahren. Die goldene Hochzeit feierten sie vor vier Jahren und dann ging es auf einmal ganz schnell. Schlaganfall, Rettungswagen, Reanimierungsversuche.

Ihr „Knuffel“, den doch nichts erschüttern konnte, an den sie sich so gerne anlehnte, der immer eine Art Sicherheit ausstrahlte, die sie selbst nie hatte, er war von ihr gegangen. In der ersten Zeit hatte sie viel zu regeln, doch dann kam das schwarze Loch. Gott sei es gedankt, gab es viel liebe Unterstützung in der schweren Trauerphase, aber dennoch: „Knuffel“ war nicht mehr da.

An einem dunklen Novembersonntag kam sie auf eine Idee. Wie schön war es doch immer nach dem Hochamt, wenn sie sich um das Essen kümmerte und „Knuffel“ sich eine dieser wohlriechenden Zigarren beim Studium der Sonntagszeitung gönnte. Da kam dann schon mal der eine oder andere Kommentar aus dem Wohnzimmer in die Küche und der Bratenduft vermischte sich mit dem herrlichen Geruch der Sonntagszigarre. Es war für sie fast noch schöner als das anschließende Essen, das spürte sie jetzt, wo ER nicht mehr da war…

Nun aber ist ihr Plan ganz klar! Am Montag macht sie sich sofort auf den Weg zu dem netten Zigarrenhändler an der Ecke. Er verkauft ihr fünf Exemplare „Deutsche Einheit“ (die Spezialmarke von „Knuffel“). Am nächsten Sonntag, dem „Totensonntag“, will sie eine Zigarre zerbröseln, auf die Herdplatte geben und dann beim Kochen den Duft, seinen Duft genießen. Dann, ja dann ist er wieder da, ihr „Knuffel“. Zumindest aber sein Geruch.

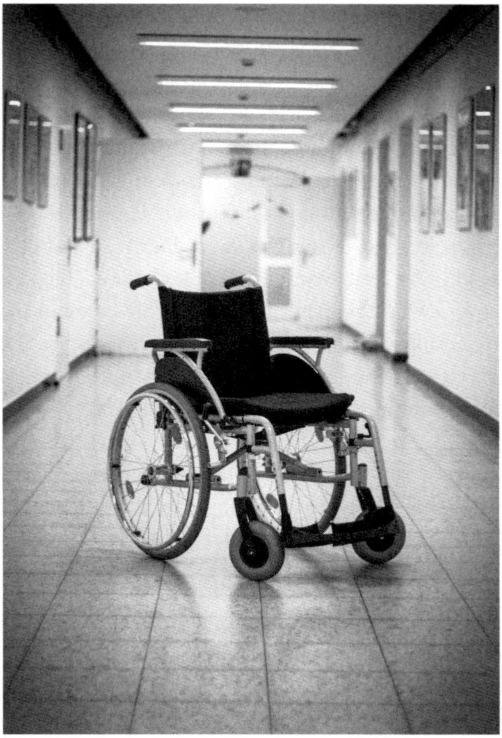

Wahrheit am Krankenbett

Im Bistro am Aegidiimarkt spricht mich mein Gegenüber an: „Was haben Sie denn da gemacht?“ Meine Gehhilfen und der „Walker“ zur Stabilisierung meines rechten Fußes hatten seine Aufmerksamkeit erweckt. Er schien ein Fachmann zu sein und so antwortete ich: „Weber 3 B“, das ist die genaue Bezeichnung meines Gelenkbruchs. Der interessierte Fragesteller wollte jetzt noch wissen, ob bei der Operation eine Platte angeschraubt worden sei und stellte sich als Unfallchirurg des Universitätskrankenhauses in Oldenburg vor.

„Weber 3 B, das ist die medizinische Wahrheit, aber was die acht Wochen danach bedeuten, das ist eine andere“, sagte ich zu ihm. Der Chirurg schwieg eine Weile und sagte dann: „Ein junger Mann ist vor zwei Tagen mit seinem Motorrad verunglückt und alle glaubten zunächst an nur kleine Folgen. Mir wurde während der OP aber klar, dass er für immer an den Rollstuhl gefesselt sein wird – bis jetzt hat es ihm noch keiner gesagt." Ich musste sofort an eine Szene aus dem Film: „Noch 17 Tage" denken: Eine Frau kommt aus dem Zimmer ihres totkranken Mannes und bittet den anglikanischen Geistlichen ihrem Mann nicht zu sagen, wie ernst es um ihn steht. Der Kaplan betritt das Zimmer, und nach kurzer Zeit bittet ihn der Sterbende: „Ich spüre, dass ich nur noch wenig Zeit habe. Aber bitte sagen Sie es nicht meiner Frau." Wahrheit am Krankenbett ist mehr als die medizinische Diagnose. Die Leiterin des ersten Sterbehospizes, St. Christopher in London, Frau Cicely Saunders, definierte Wahrheit so: „Den Weg, so gut es geht, ein Stück gemeinsam gehen!" Als ich dem Chirurg sagte, dass ich diese Definition für sehr gut halte, verstand er sofort, zögerte dann aber ein wenig mit seiner Antwort: „In der Ausbildung war Berufsethik als Seminar und Vorlesung freiwillig, jetzt wünschte ich, ich hätte mich mehr damit beschäftigt."

Wir schwiegen beide eine ganze Weile, dann fragte ich ihn: „Was sagen Sie denn jetzt dem jungen Mann, doch wohl bitte nicht nur die medizinische Diagnose?" Etwas verlegen sagte er: „Nein, natürlich nicht, aber für eine Wegbegleitung habe ich keine Zeit ... Gott sei es gedankt, haben wir seit Jahresbeginn eine Ethikkommission im Krankenhaus." „Natürlich ist die Ethikkommission wichtig, aber sie ersetzt nicht das, was Frau Saunders mit ihrer Definition von Wahrheit meint. In England ist es, einer alten angelsächsischen Tradition folgend, üblich, dass Menschen völlig unkompliziert in Krankenhäusern und Pflegeheimen Arbeiten übernehmen, um die ausgebildeten Schwestern zu entlasten. Die Begleitung von Sterbenden wird dabei sogar als die Vornehmste aller anfallenden Aufgaben gesehen."

Die kleine Frau aus der Linie 1 und ihre neuen Schlüpfer

Als die Linie 1 am 15. Dezember im Schritttempo über den festlich beleuchteten Prinzipalmarkt fuhr, kam schon fast weihnachtliche Stimmung auf. Alle Sitzplätze waren belegt mit Menschen und der Platz neben ihnen zumeist mit Taschen. Diese Art von Reservierung – viele trauen sich nicht nach einem Platz zu fragen – hasse ich, dennoch ertappte ich mich dabei, dass auch meine Tasche den Platz neben mir blockierte, als *sie* gerade noch in den Bus hastete. Eine kleine, linksseitig leicht gelähmte Frau, die völlig aufgelöst schien. Ich nahm meine Tasche zur Seite und bot ihr den Platz an. Sie setzte sich mit einem lauten Seufzer. „Kommen Sie doch erst einmal herunter", versuchte ich sie zu beruhigen. Sie stotterte etwas, als sie sagte: „Ich war eben schon einmal im Bus, als ich gemerkt habe, dass mein schwarzer Einkaufsbeutel fehlte, ich bin dann an der nächsten Haltestelle ausgestiegen und zum Textilkaufhaus zurückgelaufen, dabei war ich mir ganz sicher, dass der Beutel inzwischen gestohlen worden war und wollte schon aufgeben. Ich lebe mit meiner neunzigjährigen Mutter zusammen und wir haben große Angst vor Dieben und Einbrechern. In der

Zeitung wird täglich vor Taschendieben gewarnt! Meinen schwarzen Beutel werde ich wohl nie wieder sehen, dachte ich noch, als ich ihn an der Kasse sah: Die Kassiererin hatte ihn beiseite gestellt bis ich ihn abholen kommen würde. Sie sagte noch: ‚Das passiert hier täglich, es ist völlig normal'." Die kleine Frau war überwältigt: Von nun an wolle sie etwas weniger „XY Ungelöst" und entsprechende Sendungen ansehen und auch in der Zeitung nicht mehr nur die negativen Dinge lesen. Ich musste an der nächsten Station aussteigen und wünschte ihr und ihrer Mutter noch Frohe Weihnachten. Ich stand bereits an der Tür als die zierliche Person mir mit lauter Stimme quer durch den Bus nachrief: „Es tut so gut, einmal mit jemanden zu sprechen und übrigens, in dem schwarzen Einkaufsbeutel sind doch nur meine neuen Schlüpfer."

Jetzt stand ich an der Bushaltestelle, noch völlig benommen von dem starken Gefühlsausbruch. Da sah ich Maria an der Ampel mit ihrem schönen roten Mädchenrad. Sie sah mich auch und schnell vereinbarten wir uns auf einen Kaffee. Ich erzählte der Zahnarzthelferin, die für ihre besonders guten Diagnosen bekannt ist, von der kleinen Frau aus der Linie 1 mit den neuen Schlüpfern. Maria schmunzelte etwas, machte mir dann aber sofort klar, dass es dabei nicht so sehr um die Angst vor Kriminalität gehe, sondern um die größte und am meisten verbreitete Krankheit heute: nämlich um die Einsamkeit: „Täglich erlebe ich, dass mich Frauen, vor allem viele ältere, versuchen in Gespräche zu verwickeln, die kaum wichtige Inhalte haben. Mein Beruf und die Hektik in der Praxis machen das aber oft unmöglich. Ich muss dann abbrechen und spüre doch die Sehnsucht, zumindest gehört zu werden." „Was ist mit den Männern?", will ich wissen. „Die reden weniger und schlucken mehr herunter", erwidert Maria. Etwas nachdenklich sagt sie dann: „Einsamkeit ist eine schleichende Krankheit, die man nicht sofort bemerkt und die man sich auch zunächst nicht eingestehen möchte, aber man kann sie sehen, hören und sogar riechen. Ich muss wohl etwas irritiert gewirkt haben, so dass Maria mir erklärte: „Schon im Wartezimmer sehe ich die Spuren der Einsamkeit ganz deutlich, wenn Patienten ein Gespräch suchen, es ihnen aber nicht gelingt. Einmal habe ich einen Stoß mit Zeitschriften scheinbar unbeabsichtigt umgestoßen: Durch das gemeinsame Neusortieren ergaben sich endlich schöne Gespräche und das Eis war für kurze Zeit gebrochen. Beim Zuhören der Smalltalks erahne ich die Not des Alleinseins, den Wunsch, wahrgenommen zu werden. Und wenn ich bei der Zahnreinigung den Schnaps vom Vorabend rieche, dann ist mir endgültig klar, wie diese Krankheit übertüncht wird."

Wie entsteht Leben?

Im Zug von Münster nach München sitzt an meinem Nachbartisch ein Mann mit zwei Laptops. Er schreibt Zahlenreihen und scheint wirklich beide Rechner zu gebrauchen. Bewundernd – mir reicht ein PC völlig – frage ich ihn, wie er das schafft. Er hält einen kleinen Monolog über die Entstehung des Lebens aus Materie und kann überzeugend deutlich machen, dass der eine Rechner für die Zahlenreihen, der andere für die Bilder zuständig sei. Meine Bemerkung über die Vermutung, dass Wasser auf dem Mars existiert (hatte ich gerade in der FAZ gelesen), lösen begeisterte Fachkommentare aus, die ich allesamt nicht verstehe. Mein Tischnachbar outet sich schließlich als Professor für Biophysik, der vor allem in der Forschung aktiv ist. Ich gebe mich als Diplomtheologe zu erkennen, was ein tolles Gespräch über Grenzfragen (wann und wie entsteht Leben) beider Wissenschaften auslöst.

Das Gespräch vertieft sich immer mehr und wir entfernen uns von dem rein naturwissenschaftlichen Verständnis von Leben. Ich erzähle von einem guten Bekannten, der eigentlich als eher unordentlich bekannt war; an seinem Todestag (er starb auf dem Weg zum Arzt im Taxi) fand man auf seinem total aufgeräumten Schreibtisch nur einen kleinen Zettel, auf dem zu lesen war: „Es kommt nicht darauf an, dem Leben mehr Tage zu geben, sondern den Tagen mehr Leben."

Der Professor schwieg eine Weile und sprach dann von dem Leben, das in der Kirche langsam immer weniger spürbar sei, was viele Menschen in und außerhalb der Kirche beklagen. Ich nickte und er fuhr fort: „Ich habe mich in meiner Gemeinde in München in den Gemeinderat wählen lassen und suche ständig nach neuen Mitarbeitern. Wir haben einen tollen Pfarrer, der uns nicht nur scheindemokratisch in die Pfarrei einbindet, sondern echte Verantwortung überträgt. Das Leben in der Kirche darf nicht nur vom Papst, also von oben, neu entfacht werden, sondern vor allem muss es an der Basis wieder neu wachsen."

Ich war jetzt endgültig von diesem Mann beeindruckt, verblüfft und voller Zustimmung sagte ich schlicht: „Ja, Sie haben ja völlig Recht!"

„Es schneit, es schneit!“

In der schönen lichtdurchfluteten Kirche am Niederrhein predigt der Pfarrer so, dass ich spüre, er kennt seine Gemeinde ganz genau. Plötzlich unterbricht er die sehr eigenwillige und interessante Auslegung der „Frohen Botschaft“. Er schaut auf die Oberlichtfenster und sagt: „Ich sehe etwas, was ihr nicht sehen könnt – *es schneit!*“

In den Bänken recken die Gläubigen jetzt die Hälse, können die weiße Pracht aber nicht sehen. „Wir werden den Gottesdienst würdig, aber auch zügig weiterfeiern und dann um 14 Uhr zum Gemeindespaziergang aufbrechen. Bei dir, Josef, bekommen die Kinder einen Kakao, die Frauen Kaffee oder Tee und die Männer einen Schnaps.“ Bauer Josef Schnieder widerspricht nicht, sondern nickt gut gelaunt. Der Pfarrer erklärt dann noch, dass der Gemeindespaziergang mit einem Besuch der evangelischen Christuskirche unterbrochen werden wird und später mit dem gemeinsamen Bau eines Riesenschneemanns vor der Kirche und einer Dankandacht in der Kirche hier beendet werden soll. „Vergesst die Schlitten und eure gute Laune nicht!“, so endet jetzt die Predigt. Die Vorfreude auf den Nachmittag beginnt bei den meisten Besuchern dieser ungewöhnlichen Gemeinde so, dass man es ihnen ansehen kann. In die Fürbitten fügt die hübsche Lektorin spontan noch den Wunsch nach kräftigem Schneefall an.

Tatsächlich finden sich um 14 Uhr die meisten Gottesdienstbesucher wieder ein. Ich gehe natürlich mit und lerne an nur einem Nachmittag bei wunderbaren Begegnungen, Gesprächen und kleinen Erlebnissen fast eine ganze Gemeinde kennen. Die abschließende Dankandacht hatte diesen Namen dann auch wirklich verdient.

Tobias hat Angst

Urlaub in Belgien: Es ist „Happy Hour“, wunderbares Wetter, ich habe beste Laune und sitze draußen bei einem kühlen Bier. Ein dunkel gekleideter hagerer Mann (ca. 45 Jahre) sitzt mir mit seinem fast leeren Bierglas gegenüber. Unsere beiden Stimmungen scheinen grundverschieden zu sein. Ohne lange nachzudenken frage ich ihn: „You want another beer?“[9] Er nickt und ich begebe mich zur Theke. Auf dem Weg dorthin lässt mich sein melancholischer, fast niedergeschlagener Blick nicht los. Wir stoßen an und nach einer kurzen Stille sage ich zu ihm: „Do you know that your face is the mirror of your soul? I had to tell you.“[10] Er fragt nach, was ich damit genau meinen würde. Ich sage ihm ohne zu zögern, dass sich die Angst in seinem Blick nicht verbergen lässt. Es dauert etwas, aber dann fließt es aus ihm heraus: „Ich bin Künstler, komme aus Prag und bin nun schon seit zwanzig Jahren hier in Antwerpen als Videokünstler bei einer großen Agentur erfolgreich. Ich habe jetzt Urlaub und danach ein großes Projekt auf der Frankfurter Buchmesse, aber dann, ja dann (er zögert) könnte

9 „Wollen Sie ein weiteres Bier?“

10 „Wissen Sie, dass Ihr Gesicht der Spiegel Ihrer Seele ist? Ich muss Ihnen das sagen…“

es sein, dass es mein letztes Projekt war. Die jungen Kollegen können alle programmieren, was immer wichtiger wird und einen unverzichtbaren Teil der Arbeit ausmacht. Ich beherrsche leider nur die Basics. Der Urlaub macht mir keine Freude" – was man ihm auch deutlich ansehen konnte.

Ich fühlte mit ihm, wollte ihn aber in seiner Sorge nicht auch noch bestätigen. Jetzt wollte er von mir wissen, was ich beruflich machen würde. „Ich war Religionslehrer und Schulseelsorger", sagte ich ihm. „Ich bin großer Fan von Immanuel Kant und nicht sehr religiös", kommentierte er. Das Gespräch schien beendet zu sein. Ich stand auf und fragte ihn spontan, ob er wisse, was ein Engel sagt, wenn man ihm begegnet? Er meinte, dass Engel romantische Wesen seien, die irgendetwas von Liebe sagen würden wie man es aus Schlagern und Filmen kennt. Da widersprach ich ihm sehr energisch und mit klarer Stimme betonte ich: „Engel sind sehr rationale Wesen, Kant hätte seine Freude an ihnen, sie haben eine eindeutige Botschaft von Gott und sagen *immer* dasselbe." Jetzt war er neugierig geworden und wollte diese Botschaft genau hören. „Have no fear, habe keine Angst ist diese klare Botschaft". Tobias stand auf, sagte ganz leise: „I understand you", nahm mich in den Arm und wir verabschiedeten uns.

DANK

Mein besonderer Dank gilt meiner lieben ehemaligen Kollegin Hildegard Drath und dem Differenzierungskurs Mediendesign des Bischöflichen Berufskollegs Hildegardisschule.

Frau Drath hat die Schülerinnen und Schüler zunächst mit den Inhalten der Begegnungsgeschichten konfrontiert, erst dann wurden die Fotos gestaltet. Die Leserinnen und Leser haben so die Bilder nicht nur als „Eyecatcher" vor sich, sondern können auch immer wieder vom Text ins Bild zurückfinden.

Bei Christiane Kuropka bedanke ich mich für ihre engagierte, fachliche Begleitung beim Lektorieren.

Dem Ardey-Verlag und besonders Herrn David Bendfeld danke ich nicht nur, sondern wünsche ihm, dass er mit dem vorliegenden Buch fördern kann Alltagsbegegnungen zu reflektieren, weil es so Menschen leichter fällt, ihre Isolation, Einsamkeit und Lethargie zu erkennen und aufzustehen, sich daraus zu befreien.

Hildegardisschule Münster,
Differenzierungskurs Mediendesign

Hildegard Drath

Folgende Schüler und Schülerinnen haben bei der Gestaltung des Buches mitgewirkt:

Alina Leifken

Nina Gottwald

Oliver Böhmer

Riccarda Ueing

Selina Fastenrath

Simone Herting

Alina Riemann

Franziska Schulz

Julia Terdenge

Tobias Sauer

Samuel Aperdannier

Jacqueline Prenzlow